Allitera Verlag

AF666003

Beiträge zur Geschichtswissenschaft
Herausgegeben von Ernst Piper

Reihe Hamburger postkoloniale Studien, Band 1
Herausgegeben von Jürgen Zimmerer

Hier außerdem erschienen:

Band 2: Malina Emmerink, Hamburger Kolonisationspläne 1840–1842. Karl Sievekings Traum einer »Deutschen Antipodenkolonie« im Südpazifik

Mara Müller

»Freiheit für Nelson Mandela«

Die Solidaritätskampagne in der Bundesrepublik Deutschland

Allitera Verlag

Weitere Informationen über den Verlag und sein Programm unter:
www.allitera.de

September 2014
Allitera Verlag
Ein Verlag der Buch&media GmbH, München
© 2014 Buch&media GmbH, München
Umschlaggestaltung: Kay Fretwurst, Freienbrink
Printed in Germany · ISBN 978-3-86906-664-6

Inhalt

Abkürzungsverzeichnis

AAB	Anti-Apartheid-Bewegung in der Bundesrepublik und West-Berlin e.V.
AABN	Anti-Apartheid-Beweging Nederland
AAM	Anti-ApartheidMovement
ACOA	American Commitee on Africa
afas	Archiv für alternatives Schrifttum
AIB	Antiimperialistisches Informationsbulletin
AKAFRIK	Aktionskomitee Afrika Bielefeld
ANC	African National Congress
AStA	Allgemeiner Studierendenausschuss
ASK	Antiimperialistisches Solidaritätskomitee
BUKO	Bundeskongress entwicklungspolitischer Aktionsgruppen
BRD	Bundesrepublik Deutschland
COSATU	Congress of South African Trade Unions
CDU	Christlich Demokratische Union Deutschland
CPSA	Communist Party of South Africa
CSU	Christlich-Soziale Union in Bayern e.V.
DDR	Deutsche Demokratische Republik
DGB	Deutscher Gewerkschaftsbund
DKP	Deutsche Kommunistische Partei
EG	Europäische Gemeinschaft
EKD	Evangelische Kirche in Deutschland
EPZ	Europäische Politische Zusammenarbeit
ESG	Evangelische Studenten Gemeinde
FAZ	Frankfurter Allgemeine Zeitung
FDP	Freie Demokratische Partei
FRELIMO	Frente de Libertação de Moçambique
GEPA	Gesellschaft zur Förderung der Partnerschaft mit der Dritten Welt mbH
HR	Hessischer Rundfunk
ICU	Industrial and Comercial Workers' Union
IGfM	Internationale Gesellschaft für Menschenrechte
issa	informationsstelle südliches afrika
iz3w	informationszentrum 3. welt
JUSOS	Arbeitsgemeinschaft der Jungsozialistinnen und Jungsozialisten in der SPD
KSJ	Katholische Studierende Jugend
MAKSA	Mainzer Arbeitskreis Südliches Afrika

MK	Umkhonto we Sizwe
MSB	Marxistischer Studentenbund
MV	Mitgliederversammlung
NDR	Norddeutscher Rundfunk
NGO	Non-Governmental Organization
NP	National Party
OAS	Organization of American States
OAU	Organization for African Unity
PAC	Pan Africanist Congress of Azania
SACP	South African Communist Party
SANNC	South African Native National Congress
SASO	South African Student Organisation
SASUG	South African Student Union in Germany
SDAJ	Sozialistische Deutsche Arbeiterjugend
SHB	Sozialistischer Hochschulbund
SPD	Sozialdemokratische Partei Deutschlands
SWANU	South West African National Union
SWAPO	South-West Africa People's Organisation
SWR	Südwestrundfunk
taz	die tageszeitung
UDF	United Democratic Front
UN/UNO	United Nations Organisation
UNESCO	United Nations Educational, Scientific and Cultural Organization
USA	United States of America
WDR	Westdeutscher Rundfunk

1 Einleitung

»Kaum ein anderer Mensch unserer Zeit verkörpert die Ideale von Freiheit, Frieden, Gerechtigkeit und Versöhnung so sehr wie Nelson Mandela [...]. Integrität, Unbeugsamkeit, Lebenslust und Humor zeichneten seinen Charakter aus. Mandela wurde deshalb schon zu Lebzeiten zu einem Mythos.«[1]

Am 05. Dezember 2013 starb der ehemalige südafrikanische Präsident und Befreiungsheld Nelson Mandela im Alter von 95 Jahren. Zu der zentralen Trauerfeier im Fußballstadion von Soweto kamen 10000 Menschen, um von ihm Abschied zu nehmen, darunter 90 amtierende Staats- und Regierungschefs und viele weitere ehemalige. Zu seiner Beerdigung kamen noch einmal 4500 Ehrengäste nach Qunu, wo er beigesetzt wurde. An seinem Todestag ordnete US-Präsident Obama an allen öffentlichen Gebäuden Trauerbeflaggung an. Auch vor der EU-Kommission in Brüssel hingen alle Fahnen auf Halbmast.[2] Die Fernsehsender änderten ihr Programm und brachten Sondersendungen zu Mandela. In den zahlreichen Nachrufen wurde er beschrieben als einer der »außergewöhnlichen Menschen des 20. Jahrhunderts, die einen andauernden Eindruck hinterlassen«[3] und »mit der Kraft ihrer Worte den Lauf der Welt veränderten«.[4] Er sei eine »magische Synthese aus Popstar und Papst«[5] gewesen. Als letzter Erfolg des großen Versöhners wurde der Handschlag zwischen dem US-Präsidenten Barak Obama und dem kubanischen Staats- und Regierungschef Raúl Castro auf seiner Trauerfeier am 10. Dezember 2013 gewertet.[6]

Bereits seit 2010 wird Mandelas Geburtstag von der UN als »Nelson Mandela International Day for Freedom, Justice and Democracy« begangen. Menschen überall auf der Welt sind aufgerufen, sich an diesem

[1] Ripken, Peter u.a.: Der lange Weg zur Freiheit, *in:* Afrika Süd 42/6 (2013), S. 40.
[2] O.V.: Die Welt trauert um einen großen Afrikaner, *in:* Hannoversche Allgemeine, 7./8. Dezember 2013, S. 1.
[3] Möller, Hein: Hamba kahle, Madiba, *in:* Afrika Süd 42/6 (2013), S. 3.
[4] Schloemann, Johan: Der Rethor, *in:* Süddeutsche Zeitung, 7./8. Dezember 2013, S. 13.
[5] Wiegmann, Jens; Putsch, Christian: Für immer Madiba, *in:* Hamburger Abendblatt, 06.12.2013, S. 8.
[6] Schimkowski, Martina: Ein Leben wie kein anderes, *in:* taz, 11. Dezember 2013, S. 3.

Aktionstag zu beteiligen und 67 Minuten, eine Minute für jedes Jahr von Mandelas politisch aktivem Leben, etwas Gutes zu tun, um die Welt in seinem Sinne zu verbessern. Mandela war Träger verschiedener Menschenrechtspreise und seit 1993 auch des Friedensnobelpreises. Am 30. Januar 2014 startete die Verfilmung von Mandelas Autobiografie »Der lange Weg zur Freiheit« in den deutschen Kinos. Bereits in den ersten vier Tagen sahen sich den Film in Deutschland ca. 50000 Zuschauer an, was allerdings deutlich hinter den Erwartungen zurückblieb.[7]

All dies zeigt, wie populär Nelson Mandela auch 14 Jahre nach dem Ende seiner Präsidentschaft noch ist und wie sehr er für viele Menschen für Frieden und Gerechtigkeit steht.

Dies wirft vor allem zwei Fragen auf: Wie kam es, dass jemand, der fast ein Drittel seines Lebens im Gefängnis verbracht hat, derart berühmt werden konnte? Und wie kam es dazu, dass jemand, der sich intensiv für die Aufnahme des bewaffneten Kampfes eingesetzt und so sehr an ihm festgehalten hat, dass er lieber im Gefängnis blieb, als ihm zu entsagen, zu einem Symbol für den Frieden geworden ist?

Zumindest ein Teil der Antworten ist vielleicht in den internationalen Mandela-Kampagnen zu finden, die vor allem in den 1980er-Jahren stark anwuchsen und ihren vorläufigen Höhepunkt am 11. Juni 1988 fanden, als ca. 72000, überwiegend junge Menschen das Nelson Mandela 70th Birthday Tribute Concert im Londoner Wembley-Stadion feierten.[8] Zu diesem Zeitpunkt war Mandela bereits eine Ikone der Popkultur geworden. Der Song »Free Nelson Mandela« der britischen Gruppe Special AKA hatte sich 1984 über Wochen in den britischen Charts gehalten und erreichte, wie auch in Belgien und den Niederlanden, Platz 9. In Irland schaffte der Song Platz 6, und in Neuseeland führte er sogar für drei Wochen die Charts an.[9] Zu dieser

7 Vgl.: O.V.: »Pacific Rim«-Star Idris Elba als Nelson Mandela im ersten Trailer zu »Mandela: Long Walk To Freedom«, *in:* www.filmstart.de, 19.06.2013, online: http://www.filmstarts.de/nachrichten/18479620.html (letzter Zugriff: 28.08.2013) und Pilarczyk, Hannah: Film »Mandela«: Ein Mann zu groß fürs Kino, *in:* Spiegel Online, 26.01.2014, online: http://www.spiegel.de/kultur/kino/kino-film-mandela-mit-idris-elba-und-naomi-harris-startet-a-944996.html (letzter Zugriff: 25.02.2014).

8 Vgl.: Benson, Mary; Nickson, Liz: Free Nelson Mandela. Festival Concert Book, London 1988.

9 Vgl.: Wikipedia.de: Free Nelson Mandela, http://de.wikipedia.org/wiki/Free_Nelson_Mandela (letzter Zugriff: 29.08.2013) und hintparade.ch, http://www.hitparade.ch/showitem.asp?interpret=The+Special+AKA&titel=Nelson+Mandela&cat=s (letzter Zugriff: 29.08.2013).

Zeit soll ein aktuelles Foto von Mandela angeblich 1 Million Dollar wert gewesen sein.[10]

In dieser Arbeit soll nun die »Freiheit für Nelson Mandela«-Kampagne in der Bundesrepublik Deutschland genauer untersucht werden. Sie spielte eine bedeutende Rolle innerhalb der Solidaritätsbewegung der 1970er- und 1980er-Jahre. Auch in Deutschland war Mandela zum Symbol für den Kampf gegen Rassismus und Ungerechtigkeit geworden. Der Bremer Bürgermeister Klaus Wedemeier sagte 1988 in seiner Rede zur Vergabe des Bremer Solidaritätspreises: »Wo immer sich hier [in Deutschland. M.M.] Menschen versammeln, um gegen Rassismus und Unterdrückung aufzustehen, ist Nelson Mandela anwesend«[11].

Obwohl es viele verschiedene Akteure und Initiativen gab, wird von der Kampagne im Singular gesprochen, da sie alle immer wieder zusammengearbeitet haben und oft auch die Materialien untereinander austauschten, sich immer wieder an den Aktionen der anderen beteiligten und alle dasselbe Ziel verfolgten.

Da es bislang keine Literatur über die deutsche Kampagne gibt, wird in dieser Arbeit zunächst ein Überblick über diese gegeben. Dabei werden folgende Fragen untersucht:

- Welche Gruppen haben sich an der »Freiheit für Nelson Mandela«-Kampagne beteiligt, und wer waren die Menschen, die diese Gruppen getragen haben? Was waren die Ziele und Beweggründe der Gruppen und Personen, sich für Nelson Mandela einzusetzen?
- Welche Aktionsformen wurden innerhalb der Kampagne angewandt, und wer beteiligte sich an ihnen? Nutzte die Kampagne eher traditionelle Protestformen, oder wurden eigene Formen entwickelt?
- Welches Bild wurde in den Veröffentlichungen der Kampagne von Mandela gezeichnet? Veränderte sich das Bild im Laufe der Zeit? Wie wurde mit seiner Beteiligung am bewaffneten Kampf umgegangen?
- Wie wurde die Kampagne in der Öffentlichkeit wahrgenommen?

10 Vgl.: Lucius, Robert von: Südafrika sieht mit Spannung der Freilassung Mandelas entgegen, *in:* FAZ, 09.02.1990, S. 8.

11 Freie und Hansestadt Bremen: Zeichen der Ermutigung. Eine Dokumentation der Reden zur Verleihung des Bremer Solidaritätspreises 1988 an Winnie und Nelson Mandela im Rathaus zu Bremen am 24. Februar 1988, S. 2.

Damit die Inhalte der Kampagne eingeordnet werden können, wird zunächst ein kurzer Überblick über die Entstehung und Ausgestaltung der Apartheid gegeben. Dabei stehen vor allem die verschiedenen rechtlichen Schritte zu ihrer Einführung und Festigung im Vordergrund. Aber auch die sich verändernden Maßnahmen gegen die interne Opposition werden behandelt. Außerdem soll der Widerstand gegen die Apartheid dargestellt werden. Hier wird besonders auf den ANC (African National Congress) eingegangen. Da dieser die größte Befreiungsbewegung in Südafrika war, in der sich auch Mandela engagierte, ist der ANC von größerer Bedeutung für die vorliegende Arbeit als die anderen Befreiungsbewegungen. Auf die vorkoloniale Geschichte Südafrikas und die Geschichte der Kolonie mit ihren Rivalitäten zwischen Schwarzen und Weißen sowie Afrikaanern und Briten wird nicht weiter eingegangen, da die Entstehung der Apartheid für diese Arbeit weniger relevant ist. Es geht vielmehr darum, das konkrete Problem darzustellen, gegen das sich die Kampagne richtete. Im Anschluss daran wird auf die Biografie Mandelas eingegangen, um vor allem die Darstellung seiner Person besser bewerten zu können. Dabei werden seine Politisierung und sein Handeln als Politiker bzw. Befreiungskämpfer thematisiert. Sein Privatleben ist für diese Arbeit nicht relevant und wird deshalb nicht behandelt.

Um die Kampagne in die Situation der Bundesrepublik einordnen zu können, wird weiterhin die offizielle Südafrika-Politik der Bundesrepublik Deutschland dargestellt. Dabei geht es vor allem um die politischen Konzepte und Kontinuitäten, weniger um konkrete Ereignisse. Auch auf die sogenannten Neuen Sozialen Bewegungen, ihre Akteure und Ziele wird eingegangen. Sie werden am Beispiel der Dritte-Welt-Solidaritätsbewegung exemplarisch veranschaulicht.

Abschließend werden die internationalen Anti-Apartheid-Bewegungen vorgestellt, um die deutsche Kampagne auch in diesem Kontext interpretieren zu können. Da sich die Bundesrepublik selbst als Teil der »westlichen Welt« versteht, werden vorwiegend die Anti-Apartheid-Bewegungen in den westeuropäischen Ländern und den USA veranschaulicht. Es werden kurz deren Entwicklung und ihre Ausprägungen beschrieben. Hauptsächlich wird auf ihre politische Durchsetzungsfähigkeit eingegangen. Auch die Solidarität der kommunistischen Staaten wird thematisiert, gerade in Hinblick auf den Konflikt mit der DDR und weil sie einen starken Kontrast zu den Bewegungen der westlichen Länder bildete.

Daran anschließend wird die bundesdeutsche Kampagne unter Berücksichtigung der oben genannten Fragen untersucht.

Dabei soll diese Arbeit auch einen Beitrag zur Untersuchung der Neuen Sozialen Bewegungen in der Bundesrepublik leisten, indem die »Freiheit für Nelson Mandela«-Kampagne exemplarisch auf ihre soziale Zusammensetzung, ihre Ziele und ihre Mittel und Aktionsformen analysiert wird.

Während die Geschichte Südafrikas, die Apartheid und der Befreiungskampf bereits mehrfach wissenschaftlich untersucht wurden,[12] ist dies bei den internationalen Anti-Apartheid-Bewegungen bislang nicht der Fall. Zwar gibt es einige Arbeiten über die US-amerikanische Bewegungen, insbesondere in Hinblick auf ihre Rolle beim Wandel der Südafrika-Politik der US-Regierung.[13] Auch die Südafrika-Politik der skandinavischen Länder ist recht gut dokumentiert.[14] Über die Bewegungen in Großbritannien[15], den Niederlanden, der DDR und der Bundesrepublik gibt es hingegen nur wenig Literatur. Eine Ausnahme bilden die beiden Bände der Reihe »Road to Democracy in South Africa«, die sich in einzelnen Aufsätzen ausführlich mit den verschiedenen internationalen Solidaritätsbewegungen beschäftigen.[16] Über die Anti-

[12] Siehe u.a.: Hagemann, Albrecht: Kleine Geschichte Südafrikas, München 2007; Marx, Christoph: Südafrika. Geschichte und Gegenwart, Stuttgart 2012, und die Reihe The road to democracy in South Africa, Cape Town/Pretoria 2004–2010.

[13] Siehe u.a.: Wenzel, Claudius: Die Südafrikapolitik der USA in der Ära Reagan. Konstruktives und destruktives Engagement, Hamburg 1990; Skinner, Rob: The Foundations of Anti-Apartheid. Liberal Humanitarians and Transnational Activists in Britain and the United States, c. 1919–64, London 2010; Lulat, Y. G-M.: United States Relations with South Africa. A Critical Overview from the colonial Period to the Present, New York 2008; Irogbe, Kema: The Roots of United States Foreign Policy Toward Apartheid South Africa, 1969–1985, New York 1997; Thomas, A.M.: The American Predicament. Apartheid and United States Foreign Policy, Aldershot 1997.

[14] Siehe u.a.: Sellström, Tor: Sweden and national liberation in southern africa, Uppsala 1999 und 2002; Eriksen, Tore Linné (Hg.): Norway and national liberation in southern africa, Stockholm 2000; Soiri, Lina; Peltol, Pekka: Finland and national liberation in Southern Africa, Uppsala 1999.

[15] Siehe u.a.: Fieldhouse, Roger: Anti-Apartheid. A history of the movement in Britain, London 2005, und Skinner, Rob: The Foundations of Anti-Apartheid. Liberal Humanitarians and Transnational Activists in Britain and the United States, c. 1919–64, London 2010; Stevens, Simon M.: Warum Südafrika? – Die Politik des britischen Anti-Apartheid-Aktivismus in den langen 1970er Jahren, *in:* Eckel, Jan; Moyn, Samuel (Hg.): Moral für die Welt? Menschenrechtspolitik in den 1970er Jahren, Göttingen 2012.

[16] Road to Democracy in South Africa, Volume 3, International Solidarity, PART 1, Pretoria 2008, und Road to Democracy in South Africa, Volume 3 International Solidarity, PART 2, Pretoria 2008.

Apartheid-Bewegung in der Bundesrepublik findet sich lediglich eine Monografie »Kauft keine Früchte aus Südafrika! Die Geschichte der Anti-Apartheid-Bewegung« von Jürgen Baccia und Dorothée Leidig.[17] Bei dieser ist jedoch zu beachten, dass beide Autoren selbst in der Bewegung aktiv waren. Über die Mandela-Kampagne finden sich gar keine wissenschaftlichen Arbeiten. Es gibt lediglich eine Lebenserinnerung des Gründers der Aktionsgruppe »Freiheit für Nelson Mandela (Südafrika)!« e.V., Karl Schmidt.[18] Mehr Literatur existiert hingegen über die Menschenrechtsorganisation Amnesty International.[19] Auch hier zeigt sich jedoch das Problem, dass ein großer Teil dieser Texte von Amnesty International selbst zu bestimmten Jubiläen herausgegeben wurde.

Über die Südafrika-Politik der Bundesrepublik gibt es ebenfalls keine aktuellen Arbeiten. Noch während der Apartheid wurden ein paar Bücher dazu veröffentlicht, die jedoch immer auch einen politisch-aufklärerischen Zweck hatten und weniger wissenschaftliche Arbeiten waren. Es finden sich zwei Dissertationen, eine von Reinhard Rode[20], 1975, und eine von Claudius Wenzel[21], 1994. Eine Arbeit, die das Quellenmaterial in den Archiven, zum Beispiel dem Archiv des Auswärtigen Amtes auswertet, liegt bislang noch nicht vor. Lediglich Harald Möller hat ein paar solcher Quellen für die frühe Phase der Zusammenarbeit in seiner Dissertation über Elitenkontinuität in der deutschen Außenpolitik verwendet. Die Südafrikapolitik bildet in seiner Arbeit aber nur ein Unterkapitel.[22]

[17] Bacia, Jürgen; Leidig, Dortothée: »Kauft keine Früchte aus Südafrika!« Die Geschichte der Anti-Apartheid-Bewegung, Frankfurt a.M. 2008.

[18] Schmidt, Karl: Zum Umdenken bereit. Aufzeichnungen über Erfahrungen mit der Apartheid in Südafrika, den Kampf gegen sie in Deutschland und das Werden des neuen Südafrika 1966–1995, Idstein 1996.

[19] O.V.: EINE INFORMATION über AMNESTY INTERNATIONAL, Bonn 1980; Amnesty international: Geschichtliche Entwicklung von Amnesty international – Kritiken aus aller Welt, Hamburg 1976; Scoble, Harry M.; Wiseberg, Laurie S.: Human Rights and Amnesty International, *in:* Annals of the American Academy of Political and Social Science 413 (1974), S. 11–26; Buchanan, Tom: 'The Truth Will Set You Free': The Making of Amnesty International, *in:* Journal of Contemporary History 37/4 (2002), S. 575–597; Thakur, Ramesh: Human Rights: Amnesty International and the United Nations, *in:* Journal of Peace Research 31/2 (1994), S. 143–160.

[20] Rode, Reinhard: Die Südafrikapolitik der Bundesrepublik Deutschland 1968–1972, München 1975.

[21] Wenzel, Claudius: Südafrika-Politik der Bundesrepublik Deutschland 1982–1992. Politik gegen Apartheid?, Wiesbaden 1994.

[22] Möller, Harald: Elitenkontinuität und Politik in der Dritten Welt. Beziehungen von Deutschem Reich und Bundesrepublik Deutschland mit Iran, China/Taiwan und Südafrika (1933–1979/89), Berlin 2010.

Die Neuen Sozialen Bewegungen waren seit den 1970er-Jahren häufiger Thema von sozial- oder politikwissenschaftlichen Arbeiten,[23] einen guten historischen Überblick gibt es jedoch bislang nicht.

Neben dem bisherigen geringen wissenschaftlichen Interesse ist ein weiteres großes Problem bei der Untersuchung außerparlamentarischer Gruppen die oft schlechte Archivierung von Quellenmaterial. Mittlerweile gibt es in Deutschland indes einige, oft von Vereinen geführte Archive, die sich vor allem auf die Dokumentation genau dieser außerparlamentarischen Gruppen und sozialen Bewegungen konzentrieren. Eines davon ist das Archiv für alternatives Schrifttum afas in Duisburg. Dort werden unter anderem sämtliche noch erhaltene Dokumente aus der Geschäftsstelle der AAB (Anti-Apartheid-Bewegung) in der Bundesrepublik gesammelt. Dieser Bestand bildet die Grundlage für die vorliegende Arbeit, ist jedoch mit über 1 000 Aktenordnern sehr groß und leider nicht immer nach erkennbaren Kriterien geordnet. Die ausführliche Verzeichnung in der Datenbank ist allerdings sehr hilfreich, sodass davon ausgegangen werden kann, dass alle zu diesem Thema relevanten Dokumente auch eingesehen wurden. Im afas befinden sich außerdem die gesammelten Unterlagen aus dem Besitz des oben erwähnten Karl Schmidt. Dieser Bestand war jedoch bis Juni dieses Jahres noch nicht verzeichnet und somit nicht zugänglich. Auch das Archiv von Amnesty International war leider aufgrund eines Umzugs von Bonn nach Berlin nicht erreichbar.

Zusätzlich zum Quellenmaterial aus dem afas wurde die Zeitschrift informationsdienst südliches afrika,[24] die von der AAB und der informationsstelle südliches afrika gemeinsam herausgegeben wurde, sowie die Amnesty International-Mitgliederzeitschrift »Informationen«,

[23] Klein, Ansgar; Legrand, Hans-Josef; Leif, Thomas (Hg.): Neue soziale Bewegungen. Impulse, Bilanzen und Perspektiven, Wiesbaden 1999; Rucht, Dieter: Modernisierung und neue soziale Bewegungen. Deutschland, Frankreich und USA im Vergleich, Frankfurt a.M. 1994; Brand, Karl-Werner; Büsser, Detlef; Rucht, Dieter: Aufbruch in eine andere Gesellschaft. Neue soziale Bewegungen in der Bundesrepublik, Frankfurt a.M. 1986; Zwick, Michael M.: Neue soziale Bewegungen als politische Subkultur. Zielsetzung, Anhängerschaft, Mobilisierung – eine empirische Analyse, Frankfurt a.M. 1990; Brand, Karl-Werner: Neue soziale Bewegungen. Entstehung, Funktion und Perspektive neuer Protestpotentiale. Eine Zwischenbilanz, Opladen 1982.

[24] Anti-Apartheid-Bewegung in der BRD und Westberlin e.V.; Informationsstelle Südliches Afrika e.V. (ISSA) (Hg.): Informationsdienst Südliches Afrika, Bonn 1972–1994.

später »AI-Info«, untersucht.[25] Für den Bereich über die öffentliche Wahrnehmung wurden vor allem die FAZ, die taz und DER SPIEGEL herangezogen. Zur Ergänzung wurden darüber hinaus Interviews mit ehemaligen Aktivisten der Bewegung geführt. Es gelang Herrn Karl Schmidt (Gründer der Aktionsgruppe »Freiheit für Nelson Mandela e. V.), Frau Prof. Dr. Martina Metzger (ehemalige Praktikantin und später studentische Hilfskraft in der AAB-Geschäftsstelle), Herrn Dr. Michael Vesper (Aktivist beim AKAFRIK und Initiator einer Studentenaktion zu Mandela an den Hochschulen in Düsseldorf) und Herrn Dr. Winfried Baßmann (ehemaliger Sprecher der Südafrika-Koordination der deutschen Sektion von Amnesty International und Herausgeber des Buches »Menschenrechte in Südafrika«[26]) für Interviews zu gewinnen. Die Interviews wurden mit einem Tonbandgerät aufgenommen und später transkribiert. Leider keinen Erfolg hatten Versuche, Kontakt zu verantwortlichen Persönlichkeiten aus der SPD herzustellen. Ebenfalls unbeantwortet blieben Anfragen beim AStA der Gesamthochschule Essen, an der eine große Kampagne zu Mandela stattgefunden hatte.

In der Arbeit wird für nicht weiter definierte Gruppen von Personen die maskuline Form verwendet. Dies soll niemanden diskriminieren, sondern der Lesbarkeit des Textes dienen.

Außerdem werden die Bezeichnungen »Schwarze« und »Weiße« sowie ihre Adjektive verwendet, um beide Gruppen zu trennen. Gerade im Zusammenhang mit der Apartheid, die vor allem nach Hautfarbe trennte, sind diese Bezeichnungen die am ehesten zutreffenden. Da der Begriff »Afrikaner« sowohl Angehörige der Bantuvölker als auch die KhoiSan meint, im Sinne der Rassentrennung der Apartheid die KhoiSan jedoch oft nicht als »schwarz«, sondern als »coloured« galten und ein großer rechtlicher Unterschied zwischen »coloured« und »schwarz« bestand, wäre diese Bezeichnung irreführend. Außerdem ist »schwarz« auch eine häufig verwendete Eigenbezeichnung. Da beide Worte sehr oft gebraucht werden, wird im Sinne der Lesbarkeit auf die Anführungszeichen verzichtet, auch wenn die Konstruktion dieser Trennung nach Hautfarben bekannt ist. Die Begriffe »Coloureds« und

[25] AI, Sektion der Bundesrepublik Deutschland e. V. (Hg.): Informationen, Bonn 1981–1986; Dies. (Hg.): Ai-Info: das Magazin für die Menschenrechte, Bonn 1986–1995.

[26] Baßmann, Winfried (Hg.): Menschenrechte in Südafrika. Perspektiven von Widerstand und Unterdrückung, München 1978.

»Inder« werden hingegen in Anführungszeichen verwendet, da sie ausschließlich als Kategorien der Apartheid benutzt werden. Um die beiden weißen Gruppen in Südafrika zu trennen, wird von »Afrikaanern« und »Briten« gesprochen.

Am Anfang dieser Arbeit befindet sich ein Abkürzungsverzeichnis. Im Fließtext werden nur die für diese Arbeit relevanten und nicht gängigen Abkürzungen noch einmal erläutert.

2 Hintergrund Südafrika

Im folgenden Kapitel soll kurz die Situation in Südafrika zur Zeit der Apartheid dargestellt werden. Zum einen wird dabei auf die staatlichen Maßnahmen, zum anderen auf den Widerstand gegen diese eingegangen.[27] Kurz wird auch der Transformationsprozess von der Wiederzulassung der politischen Opposition 1990 bis zu den ersten freien Wahlen 1994 thematisiert. Da die Zeit nach 1994 für die vorliegende Arbeit nicht relevant ist, wird auf diese nicht eingegangen. Im Weiteren wird die Biografie Nelson Mandelas kurz vorgestellt.[28]

2.1 Die Apartheid

Bereits kurz nach der Niederlassung der ersten Europäer 1651 am »Kap der Guten Hoffnung«[29] wurden die dort lebenden Khoikhoi sukzessive von den ertragreichen Ländereien verdrängt und in abhängige Arbeitsverhältnisse gezwungen. Dasselbe geschah mit anderen afrikanischen Gruppen bei der Ausdehnung der Kolonie nach Norden. Früh wurde die Vormachtstellung der europäischen Siedler gegenüber den Afrikanern auch in Gesetzen festgehalten.

Zu Beginn des 20. Jahrhunderts wurde die Rassentrennung zuneh-

[27] Leider kann die Geschichte Südafrikas hier nur sehr knapp dargestellt werden. Christoph Marx geht in seinem Buch »Südafrika. Geschichte und Gegenwart« (Stuttgart 2012) etwas ausführlicher auch auf die vorkolonialen Strukturen innerhalb der sogenannten Bantugruppen ein. Einen kurzen, vor allem politikgeschichtlichen Überblick liefert auch Albrecht Hagemanns »Kleine Geschichte Südafrikas« (München 2007). Einen sehr umfangreichen Überblick bieten die beiden Bände der Cambridge History of South Afrika: Hamilton, Carolyn; Mbenga, Bernard M.; Ross, Robert: Cambridge History of South Africa Volume 1. From Early Times to 1885, Cambridge 2009 und Ross, Robert; Mager, Anne Kelk; Nasson, Bill: Cambridge History of South Africa, Volume 2. 1885–1994, Cambridge 2011.

[28] Auch diese kann hier leider nur sehr grob dargestellt werden. Ausführlichere Biografien, die auch auf seinen Charakter und sein Privatleben eingehen, sind u.a.: Meer, Fatima: Stimme der Hoffnung, Bonn 1990. Außerdem gibt es viele Sammlungen von Reden, Schriften und Interviews von und mit Mandela, zum Beispiel: Mandela, Nelson: Bekenntnisse, München 2010. Für seine persönlichen Einschätzungen ist auch seine Autobiografie zu empfehlen: Mandela, Nelson: Der lange Weg zur Freiheit, Frankfurt a.M. 1994.

[29] Der portugiesische König Johann II hatte es so genannt, da den Portugiesen nach dessen Entdeckung der Seeweg nach Indien offen stand.

mend ideologisch untermauert. Viele Intellektuelle gingen davon aus, dass die verschiedenen Kulturen nicht miteinander vermischbar seien und die Kultur das Individuum geradezu deterministisch präge, sodass sich die Annahme verbreitete, Schwarze seien nicht für das Leben in der Stadt gemacht, sondern auf dem Land viel glücklicher.[30]
Deshalb wurden ihnen im Native Land Act Reservate zugewiesen, in denen sie leben sollten. In den Städten durften nur diejenigen wohnen, die auch dort arbeiteten. Die Städte selbst führten oft eine lokale Trennung der schwarzen Arbeiter ein und siedelten sie in Townships außerhalb der eigentlichen Städte um.[31] Auch von der politischen Teilhabe wurden die Afrikaner schon vor der Einführung der Apartheid ausgeschlossen.[32] 1948 gewann die konservative, afrikaanse NP (National Party) die Wahlen. Sie war mit dem Ziel in den Wahlkampf gegangen, »gemäß dem Gedanken der strikten Apartheid [...] der Rassen ein für allemal die [...] weiße Herrschaft in Südafrika zu sichern«.[33]

In den ersten Jahren nach der Machtübernahme durch die NP wurden in schneller Folge zahlreiche Gesetze erlassen, die die Rassentrennung sichern und verschärfen sollten, wie die Ausweitung des Mischehenverbotes von 1949, das später auch für jegliche Form des Geschlechtsverkehrs galt und ein Vergehen dagegen sogar mit Haft bestrafte.[34]

Die meisten Gesetze der Apartheid zielten vor allem auf die schärfere Definition der »Rassen«, den Ausschluss aller Nicht-Weißen von politischer Teilhabe, die räumliche Trennung der »Rassen«, die Kontrolle der schwarzen Bevölkerung und des Arbeitsmarktes sowie die Sicherung der weißen Vorteile auf diesem und die alltägliche Trennung der »Rassen« ab.[35] Besonders wichtig für alle späteren Verordnungen der Apartheid war der Population Registration Act von 1950. In ihm wurde festgelegt, dass die gesamte Bevölkerung Südafrikas sich rassisch klassifizieren lassen musste.[36] Die Menschen wurden dabei in drei »Rassen« aufgeteilt: »Europäer«, »Natives« und »Coloureds«. Zu den »Europäern« zählten alle Weißen, auch Japaner und Juden, was zu dieser Zeit nicht selbstverständlich war.[37] Als »Natives« oder später

30 Vgl.: Marx: Südafrika, S. 218.
31 Vgl.: Ebd. S. 219.
32 Vgl.: Ebd.
33 Hagemann: Kleine Geschichte Südafrikas, S. 72.
34 Vgl.: Ebd., S. 74.
35 Vgl.: Ebd., S. 73.
36 Vgl.: Berge, Iris: South Africa in World History, New York 2009, S. 114.
37 Vgl.: Hagemann: Kleine Geschichte Südafrikas, S. 74, und Marx: Südafrika, S. 225.

»Bantu« wurden die schwarzen, bantusprachigen Afrikaner klassifiziert. All diejenigen, die weder in die eine noch in die andere Kategorie passten, wurden als »Coloureds« bezeichnet.

Die »Natives« bildeten die größte Gruppe mit knapp 75 % der Bevölkerung, gefolgt von den Weißen mit knapp 15 %.[38] Gerade an der Gruppe der »Coloureds« wird die Absurdität des Systems deutlich. War zum Beispiel aufgrund der Hautfarbe eine Person nicht eindeutig als »Native« oder »Coloured« zu identifizieren, wurde häufig der sogenannte Bleistifttest gemacht. Dazu wurde der zu klassifizierenden Person ein Bleistift ins Haar gesteckt. Fiel dieser herunter, galt die Person als »Coloured«, blieb er stecken, als »Native«.[39] Später wurden die »Asiaten« bzw. »Inder« von den »Coloureds« als eigene »Rasse« abgespalten.[40] Innerhalb der »Rassen« wurden weitere Einteilungen in einzelne Volks- oder Stammeszugehörigkeiten vorgenommen.[41] Mithilfe der Ethnologie wurde zunehmend versucht, diese Kategorisierungen wissenschaftlich zu begründen.[42] War man mit der Klassifizierung nicht einverstanden, konnte man eine Reklassifizierung beantragen. Diese wurden noch bis 1994 durchgeführt und anschließend in der Government Gazette veröffentlicht.[43] Im Folgenden wurden sämtliche öffentlichen Einrichtungen nach den »Rassen« getrennt, selbst öffentliche Toiletten und Parkbänke. Auch in weißen Privathaushalten, die ganz überwiegend schwarze Hausangestellte beschäftigten, wurde die Apartheid umgesetzt, sodass die jüngeren Generationen bereits mit diesen Strukturen aufwuchsen.[44] Während der afrikanische Nationalismus auf die Einheit der Afrikaner als eine Nation setzte, versuchte die Regierung, die Vielfalt der einzelnen Stämme in den Vordergrund zu stellen.[45]

Der Group Area Act von 1950 gab den Städten die Möglichkeit, »Coloureds« aus bestimmten Stadtgebieten zu vertreiben, indem sie diese als Group Area der Weißen definierten. Die schwarzen Afrikaner waren bereits durch den Natives (Urban Areas) Consolidation Act aus den

38 Volkszählung vom Mai 1980, zitiert nach: Sodemann, Christoph: Gesetze der Apartheid, Bonn 1986, S. 24.

39 Vgl.: Marx: Südafrika, S. 226.

40 Vgl.: Fisch, Jörg: Geschichte Südafrikas, München 1990, S. 291. Die »Inder« waren vor allem Nachfahren der im 17. und 18. Jh. in die Kapkolonie geholten, vorwiegend aus Indonesien stammenden Sklaven.

41 Vgl.: Hagemann: Kleine Geschichte Südafrikas, S. 72.

42 Vgl.: Marx: Südafrika, S. 246–247.

43 Vgl.: Ebd., S. 226.

44 Vgl.: Ebd., S. 226–227.

45 Vgl.: Ebd., S. 247.

Stadtgebieten ausgeschlossen worden. Erfolgte eine solche Aufteilung – es gab keine generelle Pflicht, die Städte in Areas aufzuteilen –, durften die Menschen nur noch in den für sie vorgesehenen Gebieten wohnen und Handel betreiben. Ein Verstoß gegen dieses Gesetz konnte mit bis zu 400 Rand oder zwei Jahren Gefängnis bestraft werden.[46]

1950 übernahm Hendrik Verwoerd den Posten des Minister of Native Affaires. Er reformierte das Ministerium, und es gelang ihm, immer mehr Kompetenzen an dieses zu verlagern. Daher konnte er deutlich mehr Projekte zur Durchsetzung der Apartheid abschließen als bisher, so zum Beispiel die Auflösung der Western Areas in Johannesburg, in denen sich die Bevölkerung aus allen »Rassen« zusammensetzte. Die nicht-weiße Bevölkerung wurde nach und nach in rassisch getrennte Townships im Südwesten der Stadt umgesiedelt.[47] 1960 wurden diese als Soweto (South West Townships) zusammengefasst.[48] Die Verteilung der schwarzen Bevölkerung in den Städten sollte auch durch den Natives Abolition of Passes and Coordination of Documents Act von 1952 reguliert werden. In diesem wurden die verschiedenen Passgesetze vereinheitlicht, sodass jeder Nicht-Weiße ab seinem 16. Lebensjahr ein »Referencebook« mit sich führen musste. In diesem mussten neben den persönlichen Daten auch Arbeits- und Aufenthaltsgenehmigung in der entsprechenden Region vermerkt sein sowie Name und Adresse des Arbeitgebers und Beginn und Ende des Arbeitsverhältnisses. Bis 1977 musste das Arbeitsverhältnis außerdem durch eine monatliche Unterschrift des Arbeitgebers bestätigt werden.[49]

In den Reservaten wurden den Chiefs mit dem Native Authorities Act von 1951 neue Kompetenzen zugestanden. Sie wurden durch ein vom Staat gezahltes Gehalt an diesen gebunden. Chiefs, die sich dem Staat gegenüber nicht loyal verhielten, wurden abgesetzt und durch andere ersetzt.[50] Diese Strukturen waren die Voraussetzung für die spätere Einführung der unabhängigen Homelands.[51]

Weiterhin wurde mit dem Bantu Education Act von 1953 die Verantwortung für die schulische Bildung der Schwarzen von den Missionsgesellschaften auf den Staat übertragen.[52] Dieser legte den Lehr-

46 Vgl.: Sodermann: Die Gesetze der Apartheid, S. 56.
47 Vgl.: Marx: Südafrika, S. 229–230.
48 Vgl.: Ebd., S. 230.
49 Vgl.: Sodermann: Die Gesetze der Apartheid, S. 31–32.
50 Vgl.: Marx: Südafrika, S. 231.
51 Bei den Gegnern dieser Politik setzte sich der Begriff »Bantustan« durch. Vgl.: Hagemann: Kleine Geschichte Südafrikas, S. 76.
52 Vgl.: Fisch: Geschichte Südafrikas, S. 299.

plan fest, nach dem schwarze Kinder unterrichtet werden sollten. Anders als die bisherigen Missionsschulen, die die Ausbildung der Kinder nach westlichem Vorbild vorsahen, sodass sich auch unter den Schwarzen eine Bildungselite hatte herausbilden können, sah der neue Lehrplan lediglich eine Grundausbildung vor, mit der sie »in der Arbeitswelt richtig funktionieren konnten«.[53] Zu dem Lehrplan gehörten die vier Grundrechenarten, Lesen und Schreiben, Gesang, praktisches Handwerk und christliche Religion.[54] Dadurch wurden die Chancen der Afrikaner auf dem Arbeitsmarkt zusätzlich verschlechtert. Auch in den Hochschulen wurde die Apartheid bis 1959 durchgesetzt.[55] Erst als die südafrikanische Wirtschaft zunehmend qualifizierte Arbeiter brauchte, wurde diese Regelung gelockert, und in den Städten entstanden weiterführende Schulen für Schwarze. An den Universitäten herrschte seit 1959 strikte Rassentrennung. Es wurden neue Hochschulen eingerichtet, die jeweils nur Studenten einer ethnischen Gruppe aufnehmen durften.[56] So durften ab 1959 zum Beispiel nur noch Xhosa in Fort Hare studieren.[57] Ende der 1950er-Jahre verloren auch die »Coloureds« endgültig ihr Wahlrecht, nachdem die Regierung die Mehrheitsverhältnisse im Parlament so manipuliert hatte, dass sie über die notwendige Zweidrittelmehrheit verfügte, um die Verfassung entsprechend zu ändern.[58]

Wie ernst es der Regierung mit diesen Gesetzen war, zeigen die hohen Zahlen an Verhaftungen und Verurteilungen sowie die verhältnismäßig hohen Strafen, die verhängt wurden. Allein 3 890 Personen wurden in den Jahren 1950 bis 1969 wegen Verstoßes gegen den Immorality Act, dem Verbot geschlechtlicher Beziehungen zwischen Weißen und Nicht-Weißen, zu Haftstrafen verurteilt.[59] Wegen Verstößen gegen die Passgesetze wurden in der Zeit von 1973 bis 1982 insgesamt 2 605 513 Menschen verhaftet.[60]

Durch den Supression of Communism Act von 1950 wurden apartheidkritische Positionen faktisch verboten, da sich dieses Ge-

[53] Marx: Südafrika, S. 232.
[54] Vgl.: Ebd.
[55] Vgl.: Ebd., S. 259.
[56] Vgl.: Ebd.
[57] Vgl.: Ebd.
[58] Vgl.: Ebd., S. 233. Das Wahlrecht und die Gleichberechtigung der Sprachen (Afrikaans und Englisch) waren die einzigen beiden Punkte in der Verfassung, für deren Änderung eine Zweidrittelmehrheit notwendig war.
[59] Vgl.: Hagemann: Kleine Geschichte Südafrikas, S. 74.
[60] Vgl.: Sodemann: Gesetze der Apartheid, S. 32.

setz nicht gegen tatsächlich marxistische und sozialistische Ideen wandte, sondern gegen jeden Versuch, den Status quo in Südafrika zu ändern.[61]

Der führende Apartheidpolitiker der 1950er-Jahre, Hendrik Verwoerd, wurde 1958 zum Premierminister gewählt. Bereits in seiner ersten Rede als Regierungschef verkündete er im Januar 1959, dass die Homelands die vollständige Unabhängigkeit von Südafrika erhalten sollten.[62] Mit ihrer Unabhängigkeit würden die Schwarzen so ihre südafrikanische Staatsbürgerschaft verlieren. Die schwarzen Arbeiter in den Städten würden dann den Status von ausländischen Arbeitskräften erhalten und unterlägen somit dem Ausländerrecht.[63] Außerdem sollte durch die Bildung der Homelands die Konzentrierung auf einzelne Stammesidentitäten verstärkt und so ein gemeinsamer afrikanischer Nationalismus unterdrückt werden.[64] Gleichzeitig konnte das Versprechen gegenüber der weißen Bevölkerung eingehalten werden, einen weißen südafrikanischen Nationalstaat zu bilden. Außerdem bereitete Verwoerd die Umwandlung Südafrikas in eine vollständig eigenständige Republik vor. Bis dahin war Südafrika ein Dominion innerhalb des britischen Empires mit dem englischen König bzw. der Königin als Staatsoberhaupt. In einem Referendum stimmte die Mehrheit der ausschließlich weißen Wahlberechtigten für die Gründung einer Republik, die am 31. Mai 1961 ausgerufen wurde.[65] Der ehemalige Generalgouverneur wurde dadurch zum Präsidenten, dessen Aufgaben jedoch rein repräsentativer Natur waren. Zunächst sollte die Republik Teil des Commonwealth bleiben. Verwoerd provozierte jedoch auf einem Treffen der Regierungschefs einen Streit über die Apartheidpolitik und verzichtete auf den Antrag auf fortdauernde Mitgliedschaft.[66] Verwoerd selbst wurde am 6. September 1966 in einer Parlamentssitzung von einem Parlamentsdiener erstochen. Sein Nachfolger wurde Balthasar John Vorster. Schon im Jahr nach seiner Wahl führte er den Terrorism Act ein. Damit konnten alle, die unter Terrorismusverdacht standen, auch ohne Haftbefehl unbegrenzt festgehalten werden, ohne dass sie das Recht auf

61 Vgl.: Marx: Südafrika, S. 233–234, und Sodemann: Gesetze der Apartheid, S. 99.
62 Vgl.: Marx: Südafrika, S. 244.
63 Vgl.: Fisch: Geschichte Südafrikas, S. 314.
64 Vgl.: Hagemann: Kleine Geschichte Südafrikas, S. 77.
65 Vgl.: Marx: Südafrika, S. 245.
66 Vgl.: Ebd.

einen Anwalt oder einen Arzt hatten.[67] Der Begriff des Terrorismus konnte dabei fast jede oppositionelle Handlung umfassen.[68] Dieses Gesetz wurde vor allem gegen schwarze Widerstandskämpfer eingesetzt. Unter Vorster wurde ein Polizeistaat in Südafrika eingerichtet.[69] Wenn dieser auch die ersten schwarzen Gewerkschaften zuließ, wurde auf Widerstand in der Regel mit brutalsten Mitteln reagiert, wie etwa bei den Schüleraufständen in Soweto 1976. 1978 übernahm der bis dahin als Verteidigungsminister an der Regierung beteiligte Pieter Willem Botha das Amt des Premierministers. Unter seiner Führung wurde Südafrika langsam von einem Polizeistaat in einen Militärstaat umgewandelt.[70] Zunächst war Botha reformorientiert. Sein enger Vertrauter und Nachfolger im Amt des Verteidigungsministers, Magnus Malan, hatte die Armee sogar so weit reformiert, dass dort auch Schwarze Vorgesetzte von Weißen werden konnten, was sonst in Südafrika nicht vorkam.[71] Zunächst kam es unter ihm zu einer Lockerung der Alltagsapartheid, indem es den einzelnen Gemeinden und Städten erlaubt wurde, die strikte Rassentrennung im öffentlichen Raum abzuschaffen[72] und der Immorality Act formal aufgehoben wurde.[73] Die rechten Wähler versuchte Botha durch eine extreme antikommunistische Haltung zurückzugewinnen. Er prophezeite einen »,totalen Anschlag' des Weltkommunismus auf Südafrika«[74], was durch den Anschlag des ANC auf die petrochemische Anlage von Sasolburg 1980 und die Situation in den Nachbarländern[75] an Glaubwürdigkeit gewann.[76] Innenpolitisch betrieb er eine Politik von »Zuckerbrot und Peitsche«. Auf der einen Seite sollten die Lebensbedingungen der Nicht-Weißen geringfügig, aber spürbar verbessert, auf der anderen Seite mit harten Mitteln gegen »Aufrührer und Terroristen« vorgegangen werden.[77] Während der Rezession

[67] Vgl.: Marx: Südafrika, S. 254.
[68] Vgl.: Sodemann: Die Gesetze der Apartheid, S. 219.
[69] Vgl.: Fisch: Geschichte Südafrikas, S. 301–303.
[70] Vgl.: Marx: Südafrika, S. 265.
[71] Vgl.: Ebd., S. 266.
[72] Vgl.: Ebd., S. 267.
[73] Vgl.: Hagemann: Kleine Geschichte Südafrikas, S. 79.
[74] Marx: Südafrika, S. 267.
[75] In Angola engagierten sich sowjetische Militärs, außerdem kämpften dort ca. 36 000 kubanische Soldaten. Gleichzeitig übernahm der als linksradikal geltende Robert Mugabe 1980 die Macht in Simbabwe.
[76] Vgl.: Marx: Südafrika, S. 267.
[77] Vgl.: Ebd.

in den 1980er-Jahren begann die Regierung jedoch, Schwarze ohne Arbeitsverhältnisse in die Homelands abzuschieben.[78]

Anfang der 1980er-Jahre plante die Regierung, die Verfassung zu reformieren. Statt dem bisherigen Zweikammersystem mit einem Premierminister und einem repräsentativen Präsidenten an der Spitze sollte es ein Dreikammersystem mit einem Exekutivpräsidenten geben. Die drei Kammern sollten je eine ethnische Gruppe repräsentieren. Neben den Weißen sollten zukünftig auch die »Coloureds« und die »Inder« vertreten sein. Die drei Kammern waren jedoch nicht gleichberechtigt. Die Weißen sicherten sich die Mehrheit, und die Schwarzen erhielten auch weiterhin kein Wahlrecht.[79] Lediglich an der Verwaltung der Townships durften sie sich in geringem Maße beteiligen. Es wurde argumentiert, dass die Schwarzen ja bereits in den Homelands Wahlrecht besäßen.[80] Widerstand dagegen kam aus den Gruppen der »Inder« und der »Coloureds«. Gemeinsam bildeten sie im August 1983 die UDF (United Democratic Front), um den Widerstand zu organisieren, so zum Beispiel den Boykott der Wahlen zu den einzelnen Kammern. An den Wahlen 1984 nahmen letztlich nur 8 % der »Inder« und 17,6 % der »Coloureds« teil.[81]

Im Laufe der 1980er-Jahre stieg der internationale Druck auf Südafrika, vor allem seit US-Präsident Ronald Reagan gezwungen war, Boykottmaßnahmen gegen Südafrika zu erlassen.[82] Dennoch baute Botha den Sicherheitsapparat weiter aus. Allmählich ging die politische Entscheidungsgewalt vom Parlament auf den Sicherheitsrat über. Unter dem Deckmantel der parlamentarischen Demokratie wurde Südafrika zu einer »Militär- und Präsidialdiktatur«[83]. Die Polizei ging in vielen Orten mit äußerster Gewalt gegen die Menschen vor, teilweise entwickelten sich richtige Mordkommandos innerhalb der Polizeieinheiten.[84] Mit der Verhängung des Ausnahmezustandes 1986 wurde nun das Militär auch im Inneren gegen Widerstandsgruppen eingesetzt, wodurch es gelang, die UDF »mundtot«[85] zu machen und die Kontrolle über die Townships zu erlangen.[86] Aus Angst, bei einer möglichen Abschaffung der Apartheid zu den Verlierern zu ge-

[78] Vgl.: Marx, Christoph: Geschichte Afrikas. Von 1800 bis zur Gegenwart, Paderborn 2004, S. 268.
[79] Vgl.: Marx: Südafrika, S. 268.
[80] Vgl.: Ebd.
[81] Vgl.: Ebd., S. 270.
[82] Vgl.: Ebd., S. 273–274.
[83] Ebd., S. 274.
[84] Vgl.: Ebd., S. 275.
[85] Ebd., S. 277.
[86] Vgl.: Ebd.

hören, schlossen sich viele weiße Südafrikaner, gerade der unteren sozialen Schichten, den rechten Strömungen an.[87] Gleichzeitig setzte sich vor allem bei Intellektuellen die Erkenntnis durch, dass es für die wirtschaftliche Situation notwendig sei, international wieder anerkannt zu werden und die Apartheid zu beenden. Ausgerechnet der Afrikaaner Broederbond setzte sich in dieser Zeit für Verhandlungen mit dem ANC ein.[88] 1986 arrangierte dieser auch ein Treffen zwischen Willem de Klerk (Bruder des späteren Präsidenten Frederik Willem de Klerk) und Thabo Mbeki. Gleichzeitig kam es im Ausland immer wieder zu Treffen zwischen Vertretern der südafrikanischen Wirtschaft und dem ANC.[89] Ebenfalls in den 1980er Jahren fanden erste Gespräche zwischen Nelson Mandela und verschiedenen Vertretern der Regierung statt. Selbst Botha traf sich am 5. Juli 1989 mit Mandela.[90] Obwohl er zu Reformen bereit war, hielt Botha an dem Konzept der Apartheid fest. Einen leichten Schlaganfall nutzten seine innerparteilichen Gegner aus, ihn zum Rücktritt zu drängen.[91] Im August 1989 übernahm schließlich Frederik Willem de Klerk das Präsidentenamt. Noch im selben Jahr wurde das Versammlungsverbot aufgehoben und einige der langjährigen politischen Gefangenen freigelassen. In seiner ersten Parlamentsrede im Jahr 1990 erklärte F. W. de Klerk, er habe sich entschieden, die Oppositionsparteien wie den ANC, den PAC (Pan Africanist Congress of Azania) und die SACP (South African Communist Party) wieder zuzulassen. Gleichzeitig verkündete er, dass Nelson Mandela aus der Haft entlassen werde,[92] was am 11. Februar desselben Jahres geschah.

2.2 Widerstand gegen die Apartheid

In den 1880er-Jahren bildeten sich innerhalb der afrikanischen Elite politische Gruppierungen und Zeitungen heraus, die die Anliegen der Afrikaner vertraten.[93] 1894 konstituierte sich außerdem in Natal der Natal Indian Congress, und 1902 verbanden sich auch die »Coloureds« in einer eigenen Organisation.[94]

[87] Vgl.: Marx: Südafrika, S. 277.
[88] Vgl.: Ebd., S. 278–279.
[89] Vgl.: Hagemann: Kleine Geschichte Südafrikas, S. 98.
[90] Vgl.: Bierling, Stephan: Nelson Mandela, München 2012, S. 96.
[91] Vgl.: Marx: Südafrika, S. 281.
[92] Vgl.: Hagemann: Kleine Geschichte Südafrikas, S. 101.
[93] Vgl.: Dubow, Saul: The African National Congress, Gloucestershire 2000, S. 2.
[94] Vgl.: Ebd.

Kurz nach der Gründung der Südafrikanischen Union organisierte sich 1912 in Bloemfontein die erste schwarze Widerstandsbewegung, die auf nationaler statt auf regionaler Ebene agieren wollte, der SANNC (South African Native National Congress). Hauptauslöser für die Gründung der Organisation war wohl der Native Land Act, der es Afrikanern verbot, außerhalb der vorgesehenen Reservate Land zu besitzen.[95] Der SANNC engagierte sich für die Niederlegung innerafrikanischer Konflikte und die Ausweitung der Staatsbürgerschaft auch auf nicht-weiße Personen. Die ersten Anführer kamen überwiegend aus der Bildungselite, waren Anwälte, Ärzte, Händler, Landbesitzer oder gehörten der traditionellen Führungselite an. Die Mehrheit der SANNC-Mitglieder war jedoch bereits zum Christentum konvertiert, vertrat viktorianische Moralvorstellungen und glaubte an die allgemeinen Vorteile der westlichen Zivilisation.[96] Sie kamen zumeist von den Missionsschulen. Einige von ihnen hatten anschließend im Ausland studiert und waren dort auch mit afroamerikanischen Freiheitskämpfern in Kontakt gekommen. Sie hofften auf Integration in den südafrikanischen Staat.[97] Die Führung des SANNC reiste mehrfach nach London, um dort Verbündete gegen den Native Land Act von 1913 zu finden. Diese Reisen waren jedoch nicht von Erfolg gekrönt. Darüber hinaus schrieben die Mitglieder des SANNC Denkschriften und Petitionen zur Gleichberechtigung der Afrikaner. Obwohl sie verkündeten, für alle Afrikaner zu sprechen, distanzierten sie sich immer wieder von der ungebildeten Masse.[98]

1919 gründete sich als Gegenbewegung zum SANNC die Industrial and Commercial Workers Union (ICU). Sie setzte auf Streiks als Mittel, um die Arbeitsbedingungen der Arbeiter zu verbessern.[99] Ihre Mitgliederzahl wuchs schnell an, auch auf dem Lande. Die ICU wurde zu einer nationalistischen Massenorganisation, der jedoch die Durchschlagskraft fehlte. Als die Kommunisten aus der ICU ausgeschlossen wurden, verlor diese in den 1920er-Jahren vollends an Bedeutung.[100] Im Mai 1923 benannte sich der SANNC in ANC um.[101]

95 Vgl.: Marx: Südafrika, S. 184.
96 Vgl.: Ebd., S. 2.
97 Vgl.: Marx: Südafrika, S. 4.
98 Vgl.: Hagemann: Kleine Geschichte Südafrikas, S. 68.
99 Vgl.: Ebd., S. 69.
100 Vgl.: Ebd., S. 206.
101 Zu diesem Datum gibt es verschiedene Angaben. In Hagemanns Kleiner Geschichte Südafrikas (S. 69) und auf der Internetseite South African History

Nachdem die CPSA (Communist Party) sich 1924 auch den Problemen der schwarzen Arbeiter zugewandt hatte, war bereits 1928 die Mehrheit ihrer Mitglieder Afrikaner.[102] Daher musste sich der ANC zur Frage einer möglichen Zusammenarbeit mit ihr positionieren. Der damalige ANC-Präsident Josiah Gumende stand dieser Idee sehr positiv gegenüber. Viele andere, wie die traditionellen Chiefs, lehnten sie jedoch ab. Das Verhältnis zwischen CPSA und ANC blieb über die Jahre sehr gespannt. Der Einfluss der Kommunisten sorgte unter den afrikanischen Führern auch außerhalb des ANC für Ängste. So gründete Salomon, der Sohn des ehemaligen Zulukönigs Dinuzulu, die Inkatha-Bewegung, die diese neuen Einflüsse auch in den Städten vermindern sollte.[103]

Der Zweite Weltkrieg hatte auch Auswirkungen auf die Widerstandsbewegungen. Die kommunistische Partei konnte in den Jahren nach 1941 viele schwarze Arbeiter zu Streiks motivieren. Die Arbeitgeber waren vom Staat aufgerufen, ihnen mit »Nachgiebigkeit« zu begegnen, um die Kriegswirtschaft nicht zu gefährden.[104] Nach dem Ende des Krieges wurden die Streiks dafür immer wieder blutig niedergeschlagen.[105]

Bis 1940 hatte der ANC kaum Einfluss auf die Politik der Rassentrennung in Südafrika. Der neu gewählte Präsident Dr. Alfred Xuma reformierte deshalb den ANC. Er rief auch Frauen und Jugendliche auf, sich zu beteiligen,[106] und reiste zu den einzelnen Lokalgruppen, wo er Mitglieder traf und sie persönlich motivierte. So trug er maßgeblich dazu bei, die Grundlagen einer Massenorganisation im ANC zu schaffen.[107] Die neu gegründete Youth League, in der sich spätere Führungspersönlichkeiten wie Walter Sisulu, Nelson Mandela, Oliver

Online (http://www.sahistory.org.za/topic/african-national-congress-timeline-1920–1929, 08.08.2013) wird das Jahr 1923 angegeben. In dem Buch »Südafrika. Geschichte und Gegenwart« von Christoph Marx wird hingegen das Jahr 1925 genannt. Da die Seite South African History Online sogar die Konferenz nennt, auf der die Umbenennung beschlossen wurde, kann man denke ich, ihre Angaben als wahrscheinlich anerkennen. In dem historischen Überblick auf der Internetseite des ANC selbst findet sich im Übrigen überhaupt kein Hinweis auf die Umbenennung der Organisation. In der Literatur findet sich auch keine Begründung für die Namensänderung.

102 Vgl.: Dubowl: The African National Congress, S. 13.

103 Vgl.: Marx: Südafrika, S. 207.

104 Vgl.: Ebd., S. 235.

105 Vgl.: Ebd.

106 Vgl.: Hagemann: Kleine Geschichte Südafrikas, S. 70.

107 Vgl.: Ebd., und Marx: Südafrika, S. 213.

Tambo, Robert Sobukwe und Anton Lembede engagierten, versuchte, den ANC und seine Aktionsformen zu radikalisieren.[108] Sie führten Formen zivilen Ungehorsams ein. Auch Aktionen wie das »Stay at home« gehörten dazu. Dabei waren sie von den Methoden beeindruckt, die Mahatma Gandhi angewendet hatte, als er den Widerstand der Inder in Südafrika unterstützte.[109] Besonders beliebt war der Slogan »Afrika den Afrikanern«, mit dem die Zusammenarbeit mit Weißen und Indern, ob in der CPSA oder anderen Parteien, abgelehnt wurde.[110] 1949 wurde Sisulu zum Generalsekretär des ANC und Mandela zum Präsidenten der Youth League gewählt. Damit war es dem radikaleren Flügel gelungen, wichtige Positionen im ANC zu besetzen. Im selben Jahr legte der ANC als Reaktion auf die Verschärfungen der Rassengesetze durch die NP ein radikales Aktionsprogramm vor, das Streiks, Boykotte und zivilen Ungehorsam vorsah.[111] Am 26. Juni 1952 startete die große »Missachtungskampagne«, bei der gezielt Gesetze übertreten wurden, um ihre Ungerechtigkeit zu verdeutlichen.[112] Die freiwilligen Teilnehmer benutzten Eingänge, Zugabteile und Parkbänke, die Weißen vorbehalten waren, und ließen sich dafür verhaften. Sie saßen in der Regel eine kurze Gefängnisstrafe ab. Diese Aktionen stärkten vor allem die Moral innerhalb der schwarzen Bevölkerung, insbesondere da auch die Anführer des ANC sich daran beteiligten. Sie dienten auch dazu, den Teilnehmern die Angst vor dem Gefängnis zu nehmen, wodurch das Regime einiges an Schrecken verlor.[113] Allein während der Aktion 1952 stieg die Mitgliederzahl des ANC von 7000 auf 100000 an.[114] Als im Dezember 1952 der gerade neu gewählte ANC-Präsident Albert Luthuli und 100 weitere Anführer von der Regierung gebannt[115] und dadurch in ihrem politischen Handlungsspielraum stark eingeschränkt wurden, folgte eine Phase der Stagnation. Innerhalb dieser lag dennoch ein wichtiges Ereignis für die Entwicklung des Anti-Apartheid-Kampfes. Am 26./27. Juni 1955 trafen sich über 2800 Delegierte der verschiedensten Anti-Apartheid-Bewegungen auf dem Volkskongress

108 Vgl.: Berger: South Africa in World History, S. 110.
109 Vgl.: Hagemann: Kleine Geschichte Südafrikas, S. 82.
110 Vgl.: Ebd., S. 70.
111 Vgl.: Berger: South Africa in World History, S. 113.
112 Vgl.: Hagemann: Kleine Geschichte Südafrikas, S. 82–83.
113 Vgl.: Marx: Südafrika, S. 238.
114 Vgl.: Hagemann: Kleine Geschichte Südafrikas, S. 83.
115 Der Bann war ein beliebtes Mittel des Apartheidstaates, um politische Gegner auszuschalten. Gebannte Personen durften sich nicht mehr an jedem Ort aufhalten, nicht mehr öffentlich auftreten, publizieren oder zitiert werden.

in Kliptown. Dort wurde die Freedom Charta beschlossen, ein Dokument, das unter anderem die Rechte aller in Südafrika lebenden Menschen, egal welcher Hautfarbe, unterstrich[116] und das für Jahrzehnte Grundlage der ANC Politik blieb.[117] Anfang Dezember 1956 wurden auf Grundlage der erarbeiteten Freedom-Charta 156 Aktivisten festgenommen und wegen Hochverrats angeklagt. Der Prozess dauerte sechs Jahre, während derer die Angeklagten jedoch auf Kaution freigelassen wurden, und endete mit dem Freispruch sämtlicher Angeklagter.[118]

Durch die Verschärfung der Diskriminierung der »Coloureds« und »Inder« radikalisierten sich auch diese Gruppen und suchten Anschluss an den ANC. Die neuen Köpfe dort, wie Mandela, Sisulu und Tambo, schwenkten von einem »ethnischen Nationalismus« zu einem »Staatsbürgernationalismus« über,[119] sodass sich im April 1959 unter der Führung von Sobukwe eine Gruppe vom ANC abspaltete, die sich später als Pan Africanist Congress (PAC) neu konstituierte und nur Schwarzen offenstand.[120] Er bildete die »lautstarke, aber organisatorisch schwache Konkurrenz zum ANC«.[121]

Am 21. März 1960 rief PAC-Präsident Robert Sobukwe zu Demonstrationen gegen die Passgesetze in Sharpeville auf. Dabei kam es zu heftigen Auseinandersetzungen mit der Polizei und zu einer Schießerei, bei der 69 Teilnehmer starben. Die Bilder der zumeist durch Schüsse in den Rücken getöteten Demonstranten gingen um die Welt und machten dieses Ereignis und damit den südafrikanischen Befreiungskampf überall bekannt.[122] Die südafrikanische Regierung verhängte den Ausnahmezustand und ließ die Anführer von ANC und PAC verhaften. Am 8. April wurden beide Organisationen verboten.[123] Nach dem Urteilsspruch im Hochverratsprozess am 29. März 1961 ging Mandela in den Untergrund, um von dort aus die Aktivitäten des ANC zu lenken. Viele andere waren ebenfalls in den Untergrund oder, wie Oliver Tambo, ins Exil gegangen.[124] Noch im November desselben Jahres

[116] Der vollständige Text der Freedom-Charta ist u.a. auf der Homepage des ANC veröffentlicht: http://www.anc.org.za/show.php?id=72 (letzter Zugriff: 28.08.2013).

[117] Vgl.: Hagemann: Kleine Geschichte Südafrikas, S. 84.

[118] Vgl.: Ebd., S. 87.

[119] Vgl.: Marx: Südafrika, S. 238.

[120] Vgl.: Hagemann: Kleine Geschichte Südafrikas, S. 85.

[121] Marx: Südafrika, S. 241.

[122] Vgl.: Ebd., S. 241.

[123] Vgl.: Ebd., S. 241–242.

[124] Vgl.: Berger: South Africa in World History, S. 123–124.

gründeten der ANC und die kommunistische Partei die militärische Organisation MK (Umkhonto we Sizwe), deren erster Oberbefehlshaber Mandela wurde.[125] Der MK führte nur Sabotageakte aus und sollte keine Menschen töten.[126] Am 16. Dezember 1961 detonierten die ersten Sprengsätze, einen Tag nachdem Luthuli von der Verleihung des Friedensnobelpreises aus Oslo zurückgekehrt war.[127] 1963 fand die südafrikanische Polizei auf einer Farm bei Rivonia Dokumente über die Untergrundarbeit des ANC und verhaftete Führungsmitglieder von ANC und MK. Elf von ihnen wurden im sogenannten Rivonia-Prozess angeklagt. Die Angeklagten verteidigten sich kaum, vielmehr nutzten sie das Verfahren als »Plattform zur Propagierung ihrer gerechten Sache, des Kampfes um Gleichberechtigung in einem ungerechten politischen System«.[128] Acht der Angeklagten wurden zu lebenslanger Haft verurteilt. Es wird vermutet, dass die Todesstrafe, obwohl sie von der Staatsanwaltschaft gefordert worden war, vor allem wegen des regen Interesses internationaler Medien am Prozess und der Angst der Regierung vor internationalen Sanktionen nicht verhängt worden ist.[129] Nachdem so die Führungsspitze des ANC in Haft oder im Exil war, stand der Widerstand für einige Jahre beinahe still. Als im September 1964 auch noch Bram Fischer, der Generalsekretär der SACP, und Verteidiger im Rivonia-Prozess verhaftet wurde, sah es zunächst nach einem Sieg der Regierung aus.[130]

Erst die Streiks schwarzer Hafenarbeiter in Durban 1973 waren der Auftakt zu einer neuen Welle des Widerstandes gegen die Apartheid. Anders als bisher unterdrückte der Staat diese Streiks nicht und ließ sogar die Bildung schwarzer Gewerkschaften zu. Dies hing damit zusammen, dass sich in der Wirtschaft ein Wandel vollzogen hatte. Hatte man bislang vor allem viele billige Arbeitskräfte gebraucht, benötigte man nun ausgebildete und qualifizierte Arbeitnehmer.[131]

Mit dem Ende des Wirtschaftsbooms in Südafrika infolge der Ölkrise von 1973 und den Unabhängigkeiten Angolas und Mosambiks 1974 erwachte auch der Widerstand in Südafrika wieder.[132] In dieser Phase wa-

125 Vgl.: Marx: Südafrika, S. 242.
126 Vgl.: Hagemann: Kleine Geschichte Südafrikas, S. 87.
127 Vgl.: Ebd.
128 Ebd., S. 88.
129 Vgl.: Ebd., S. 89.
130 Vgl.: Marx: Südafrika, S. 243.
131 Vgl.: Ebd., S. 258.
132 Vgl.: Hagemann: Kleine Geschichte Südafrikas, S. 90.

ren vor allem zwei neue Bewegungen von Bedeutung: zum einen die Inkatha-Partei von Mangosuthu Gatsha Buthelezi, der im Ausland immer wieder Kritik an der Apartheid übte, zum anderen die aus der schwarzen Studentenorganisation SASO hervorgegangene Black Consciousnesss-Bewegung unter der Führung von Steve Biko, der 1977 durch Folter im Gefängnis starb und so zu einer Ikone des Befreiungskampfes wurde.[133] Biko erkannte, dass sich aufgrund der dauernden Diskriminierung bei den meisten Schwarzen auf die Dauer ein Minderwertigkeitsgefühl und Schicksalsergebenheit einstellten. Die Black Consciousness-Bewegung versuchte, die Vorurteile der Weißen umzudeuten und innerhalb der schwarzen Bevölkerungsgruppen ein positives Selbstbewusstsein zu entwickeln.[134] Sie strebte die Befreiung der schwarzen Afrikaner durch das eigene neue Selbstbewusstsein an. Eine Unterstützung durch Weiße im In- und Ausland sei nicht notwendig.[135] Nachdem die Regierung anfänglich die Ziele der neuen Bewegung missverstanden hatte, begann sie bald, die Aktivisten zu verfolgen und mit Bannung oder Gefängnis zu bestrafen.[136] Die Organisation hatte dieses Verhalten jedoch bereits eingeplant und dafür gesorgt, dass durch ein Rotationsverfahren möglichst viele Mitglieder Führungserfahrungen sammelten und so auch die Bannung oder Verhaftung der Führungskreise die Organisation nicht so sehr trafen, wie es einige Jahre zuvor beim ANC geschehen war.[137] Einen großen Einfluss hatte diese Bewegung auf Schüler, da viele ihrer frühen Mitglieder Lehrer wurden. Bei den Schülern wuchs die Unzufriedenheit, da der Staat nach wie vor etwa zehn Mal so viel Geld in die weißen Schulen investierte als in die der Schwarzen.[138] Als die Regierung 1976 Afrikaans als Unterrichtssprache an den Schulen der Schwarzen einführen wollte, reagierten die Schüler mit Protesten. Dabei kam es zu blutigen Straßenschlachten mit den Sicherheitskräften. Hochburg der Konflikte war die riesige Township Soweto bei Johannesburg, doch breiteten sie sich auch auf andere Townships im ganzen Land aus. Insgesamt starben bei diesen Auseinandersetzungen etwa 600 Menschen.[139] Nach der Nie-

[133] Vgl.: Berger: South Africa in World History, S. 139.
[134] Vgl.: Marx: Südafrika, S. 260.
[135] Vgl.: Hagemann: Kleine Geschichte Südafrikas, S. 90.
[136] Vgl.: Marx: Südafrika, S. 261.
[137] Vgl.: Ebd.
[138] Vgl.: Ebd., S. 263.
[139] Vgl.: Hagemann: Kleine Geschichte Südafrikas, S. 91. Genaue Zahlen zu den Opfern gibt es nicht. Die offiziellen Angaben und die der Befreiungsbewegungen unterscheiden sich zum Teil stark.

derschlagung der Unruhen gingen viele der Jugendlichen illegal ins Ausland und schlossen sich dort dem MK an.[140] Ende der 1970er-Jahre verübte dieser mehrere Bombenanschläge in Südafrika und konnte so seine Präsenz demonstrieren. Die Aufstände von Soweto waren der Auftakt zu einer neuen Phase des Widerstandskampfes.[141] Im März 1980 begann mit einer Schlagzeile in der Johannesburger Sunday Post eine groß angelegte, internationale Medienkampagne des ANC zur Freilassung Nelson Mandelas.[142]

Im März 1983 bildete sich die United Democratic Front (UDF) heraus. Sie diente als Dachverband von mehreren Hundert Anti-Apartheid-Bewegungen und hatte ca. drei Millionen Mitglieder.[143] Die Organisationen reichten von gewerkschaftlichen Gruppen bis hin zu den Kirchen. Der anglikanische Bischof Desmond Tutu wurde ein führendes Mitglied dieses Verbandes. Für seinen gewaltfreien Kampf wurde er 1984 mit dem Friedensnobelpreis ausgezeichnet.[144] Als Grundlage diente der UDF die Freedom-Charta von 1952. Zu dieser Zeit nahmen auch die Unruhen in den Townships wieder zu. Es wurden weiße Geschäfte boykottiert, Mieten nicht gezahlt, und die Jugendlichen gingen nicht in die Schule, sondern auf die Straße.[145] Außerdem setzte die UDF auf die Medien. Sie inszenierte sich selbst als jung und kreativ, wohingegen die Regierung knöchern und altbacken wirkte.[146] Auch die Kontakte zu ausländischen Medien wurden ausgeweitet. Die Regierung reagierte auf die neuen Kampagnen mit der Verhängung des Ausnahmezustandes über mehr als 30 Bezirke.[147]

Auch außerhalb des organisierten Widerstands kam es in den 1980er-Jahren zu einer immer stärkeren Bewegung gegen das Regime. Gerade in den Bereichen Musik und Kunst, aber auch in der Literatur machten sich neue politische Formen breit, selbst innerhalb der weißen Minderheit.[148]

[140] Vgl.: Holland, Heidi: 100 Years of Struggle, Mandela's ANC, Johannesburg 2012, S. 162.

[141] Vgl.: Marx: Südafrika, S. 264.

[142] Vgl.: Hagemann: Kleine Geschichte Südafrikas, S. 92.

[143] Vgl.: Marx: Südafrika, S. 270.

[144] Vgl.: Desmond Tutu, *in:* Nobelprize.org http://www.nobelprize.org/nobel_prizes/peace/laureates/1984/tutu-facts.html (letzter Zugriff: 29.08.2013).

[145] Vgl.: Hagemann: Kleine Geschichte Südafrikas, S. 93.

[146] Vgl.: Marx: Südafrika, S. 272.

[147] Vgl.: Hagemann: Kleine Geschichte Südafrikas, S. 93.

[148] Vgl.: Marx: Südafrika, S. 272–273.

2.3 Das Ende der Apartheid und der Übergang zu den ersten freien Wahlen.

Bereits kurz nach Mandelas Freilassung begannen Sondierungsgespräche zwischen der Regierung und dem ANC. Beim ersten Treffen einigten sich beide Seiten darauf, die politische Gewalt einzudämmen und einen friedlichen Verhandlungsprozess einzuleiten.[149] Die Verhandlungen kamen jedoch nur zäh voran und wurden teilweise sogar ganz unterbrochen.[150] Gleichzeitig kam es gerade in der Provinz Natal zu gewaltsamen Auseinandersetzungen zwischen dem ANC und der Inkatha-Bewegung. Aber auch zwischen Weißen und Schwarzen gab es immer wieder Kämpfe.[151] 1993 kam es fast zu einem Bürgerkrieg, nachdem der ehemalige MK-Führer und Hoffnungsträger vieler ANC-Anhänger, Chris Hani, von Rechtextremisten ermordet worden war.[152] In einer Fernsehansprache gelang es Mandela jedoch, die Massen wieder zu beruhigen.[153]

Die Regierung baute nach und nach die Gesetze der Apartheid ab, bis schließlich auch der Population Registration Act aufgehoben wurde. Damit war de jure die Aufteilung der Bevölkerung in verschiedene »Rassen« beendet.[154] Dennoch wollte F. W. de Klerk nicht von den sogenannten Gruppenrechten ablassen, die der weißen Minderheit auch nach einer freien Wahl noch viele Vorrechte sichern sollten.[155] Der ANC hingegen lehnte dies ab, da er einen ausführlichen Grundrechtekatalog in die neue Verfassung aufnehmen wollte, durch den die Rechte jedes Einzelnen, unabhängig seiner Gruppenzugehörigkeit, gegenüber der Mehrheit geschützt werden sollten.[156] Es wurde allerdings beschlossen, dass in der ersten Legislaturperiode alle großen Parteien im Parlament vertreten sein sollten. Erst danach sollte sich die Sitzverteilung exakt nach den Stimmenverhältnissen bei den Wahlen richten.[157]

Auch der Umgang mit Verbrechen, die im Namen der Apartheid begangen wurden, war ein Streitpunkt zwischen den Parteien. Teile

[149] Vgl.: Hagemann: Kleine Geschichte Südafrikas, S. 101.
[150] Vgl.: Marx: Südafrika, S. 282.
[151] Vgl.: Ebd., S. 282–283.
[152] Vgl.: Hagemann: Kleine Geschichte Südafrikas, S. 105.
[153] Vgl.: Ebd., und Marx: Südafrika, S. 287.
[154] Vgl.: Hagemann: Kleine Geschichte Südafrikas, S. 102.
[155] Vgl.: Marx: Südafrika, S. 284.
[156] Vgl.: Ebd., S. 284–285.
[157] Vgl.: Ebd., S. 288.

des ANC forderten ein Gerichtsverfahren, in dem alle Täter verurteilt werden sollten, während die Regierung eine Generalamnestie befürwortete. Als Kompromiss wurde die Wahrheits- und Versöhnungskommission vereinbart, bei der Opfer Klage einreichen und geständige Täter amnestiert werden konnten.[158] Die Homelands wurden wieder in den neuen Staat eingegliedert. Die ersten freien Wahlen im April 1994 gewann der ANC mit großer Mehrheit, und in der ersten Parlamentssitzung wurde Nelson Mandela zum Präsidenten der Republik gewählt.

2.4 Nelson Mandela

Am 18. Juli 1918 wurde Rolihlahla Mandela in dem kleinen Dorf Mvezo in der Transkei geboren. Seinen bekannteren Vornamen Nelson erhielt er erst in der Missionsschule. Seine Familie gehörte dem Königshaus der Thembu-Monarchie an; er stammte jedoch aus dem Zweig, der nicht den König, sondern dessen Berater stellte. Auch für ihn war diese Position vorgesehen.[159] Nachdem sein Vater die Häuptlingswürde und sein gesamtes Vermögen verloren hatte, weil er in einer Auseinandersetzung mit der weißen Provinzregierung nicht nachgeben wollte, zog Rolihlahlas Mutter mit ihm und seinen Schwestern in das Dorf Qunu.[160] Dort ging er auf die Methodistenschule, bis er nach dem Tod seines Vaters mit neun Jahren an den Hof seines Onkels Jongintaba Dalindyebo, dem Regenten des Thembulandes, kam. 1939 schrieb Mandela sich am Missions-College in Fort Hare ein, der einzigen höheren Bildungseinrichtung für Afrikaner.[161] 1941 arrangierte sein Onkel für ihn und seinen Cousin Hochzeiten mit jungen Thembu-Frauen. Vor diesen Zwangsehen flohen die beiden jungen Männer nach Johannesburg.[162]

Durch einen Verwandten, der in Johannesburg lebte, kam Mandela in Kontakt mit Walter Sisulu. Der entdeckte in ihm einen fähigen Politiker[163] und vermittelte ihm ein Praktikum in einer weißen Rechts-

158 Zur Wahrheits- und Versöhnungskommission siehe auch: Wendt, Christa Livia: Die Wahrheits- und Versöhnungskommission in Südafrika: Eine Wirkungsanalyse, Berlin 2010.

159 Vgl.: Bierling: Nelson Mandela, S. 11.

160 Vgl.: Hagemann, Albrecht: Nelson Mandela, Reinbek bei Hamburg 1995, S. 10, und Bierling: Nelson Mandela, S. 17.

161 Vgl.: Hagemann: Nelson Mandela, S. 14–15.

162 Vgl.: Bierling: Nelson Mandela, S. 21.

163 Vgl.: Hagemann: Nelson Mandela, S. 21.

anwaltskanzlei, welches Voraussetzung für die Aufnahme eines Jurastudiums war. Gleichzeitig nahm Mandela ein Bachelor-Fernstudium an der University of South Africa auf. Angeregt durch Kollegen in der Kanzlei, begann Mandela erstmals, sich mit Politik zu beschäftigen. Gaur Radebe brachte ihn in Kontakt mit kommunistischen Ideen,[164] ein anderer Kollege nahm ihn mit zu Vorträgen und Veranstaltungen der kommunistischen Partei. Dennoch hegte Mandela lange Zeit Vorbehalte gegenüber den Kommunisten, die sogar so weit gingen, dass er eine Resolution unterstützte, die Kommunisten aus dem ANC auszuschließen.[165] Er befürchtete, der Klassenkampf könnte dem Befreiungskampf im Wege stehen.[166] Radebe war es auch, der ihn zu seinem ersten Boykott mitnahm. Dabei ging es um die Erhöhung der Buspreise. Der Boykott hatte tatsächlich Erfolg. Dieses Erlebnis beeindruckte Mandela sehr.[167]

1943 nahm Mandela sein Studium an der University of the Witwatersrand auf, um seinen Bachelor of Law zu machen. Dort kam er in Kontakt mit afrikanischen Nationalisten, die ihn sehr beeindruckten.[168] 1944 schloss er sich dem ANC an und war schon kurze Zeit später an der Gründung der Youth League beteiligt.[169] In den ersten Jahren faszinierten ihn die afrikanistischen Ideen sehr, wie sie Sobukwe und Lembede vertraten.[170] Im Grundsatzdokument der Youth League wurde 1948 jedoch festgelegt, dass auch mit den Organisationen der »Inder« und der »Coloureds« zusammengearbeitet werden sollte.[171] Während Sisulu Generalsekretär des ANC wurde, übernahm Mandela 1947 das Amt des Sekretärs der Youth League.[172] Bei einem Streik am 1. Mai 1950 wurde Mandela Augenzeuge, wie die Polizei brutal gegen die Streikenden vorging und 18 von ihnen tötete.[173] Der darauffolgende Suppression of Communism Act führte dazu, dass Mandela seinen »inneren Widerstand« gegen den gemeinsamen Kampf aller Anti-Apartheid-Gruppen aufgab.[174] Ende desselben Jahres wurde er zum Präsidenten der Youth

[164] Vgl.: Hagemann: Nelson Mandela, S. 22.
[165] Vgl.: Ebd., S. 31–32.
[166] Vgl.: Ebd., S. 31.
[167] Vgl.: Ebd., S. 25.
[168] Vgl.: Ebd., S. 26.
[169] Vgl.: Bierling: Nelson Mandela, S. 25.
[170] Vgl.: Hagemann: Nelson Mandela, S. 29.
[171] Vgl.: Ebd., S. 30.
[172] Vgl.: Bierling: Nelson Mandela, S. 28.
[173] Vgl.: Hagemann: Nelson Mandela, S. 37–38.
[174] Vgl.: Ebd., S. 38.

League gewählt. Bei der Missachtungskampagne 1952 übernahm Mandela sowohl den Vorsitz im Aktionskomitee als auch im Freiwilligenausschuss. Im Zuge der Mobilisierung zeigte er sich als jemand, der es verstand, die Menschen zu erreichen und zu motivieren.[175] Wegen seiner Rolle in der Missachtungskampagne wurde Mandela 1952 erstmals angeklagt und verurteilt.[176] Die Strafe wurde jedoch zur Bewährung ausgesetzt. Gleichzeitig hatte er sich im ANC einen Namen gemacht. Im selben Jahr wurde er vom ANC in Transvaal zum Präsidenten gewählt und auch als Kandidat für den Posten des ANC-Präsidenten auf nationaler Ebene gehandelt.[177] Im Dezember wählte der ANC jedoch Albert Luthuli zum Präsidenten und Mandela zu seinem Stellvertreter. Kurz nach der Wahl wurde Mandela erstmals gebannt. In dieser Zeit, in der er nicht an Versammlungen teilnehmen durfte, konzentrierte er sich wieder mehr auf seinen Beruf.[178] Als Anwalt machte er sich bald einen Namen und eröffnete gemeinsam mit Oliver Tambo die erste schwarze Rechtsanwaltskanzlei in Südafrika.[179] Nach Aufhebung des Banns beteiligte er sich an Aktionen gegen die Räumung von Sophiatown. Dabei bezeichnete er in einer Rede den gewaltfreien Widerstand erstmals als »zwecklose Strategie«[180]. Er bereitete die Zuhörer darauf vor, dass in naher Zukunft auch Gewalt angewandt werden müsse, um die Apartheid zu besiegen.[181] Obwohl ANC-Präsident Luthuli den bewaffneten Kampf nach wie vor ablehnte, beauftragte Mandela Sisulu bei einem Besuch in China, um Waffenhilfe für den ANC zu bitten.[182]

Im September 1953 wurde Mandela erneut für zwei Jahre von der südafrikanischen Regierung gebannt und dadurch auch zum Ausscheiden aus dem ANC gezwungen.[183] Am Volkskongress 1955, auf dem die Freedom-Charta beschlossen wurde, konnte Mandela nur verkleidet teilnehmen.[184] Er gehörte dennoch zu den 156 wegen der Freedom-Charta im Hochverratsprozess Angeklagten. Da die Angeklagten jedoch auf Kaution wieder freigekommen waren, konnten Mandela und Tambo ihre Kanzlei weiterführen. Nach dem Sharpeville-Massaker

[175] Vgl.: Hagemann: Nelson Mandela, S. 41.
[176] Vgl.: Ebd., S. 41–42.
[177] Vgl.: Ebd., S. 42.
[178] Vgl.: Bierling: Nelson Mandela, S. 37.
[179] Vgl.: Hagemann: Nelson Mandela, S. 46–47.
[180] Mandela: Der lange Weg, S. 217.
[181] Vgl.: Ebd.
[182] Vgl.: Hagemann: Nelson Mandela, S. 50.
[183] Vgl.: Bierling: Nelson Mandela, S. 40.
[184] Vgl.: Hagemann: Nelson Mandela, S. 51.

1960 verbrannten Mandela, Luthuli und andere Anführer demonstrativ vor der Presse ihre Pässe.[185] Viele Afrikaner taten es ihnen gleich. Am 30. März wurde Mandela erneut verhaftet und musste dem Hochverratsprozess von da an aus dem Gefängnis beiwohnen. Die gemeinsame Kanzlei mit Tambo wurde in dieser Zeit aufgelöst, da dieser sich ins Ausland abgesetzt hatte, um eine Exilorganisation aufzubauen.[186] Als der nach dem Sharpeville-Massaker verhängte Notstand am 31. August 1960 aufgehoben wurde, ließ man auch die Angeklagten wieder frei. Mandela nahm an den nun geheimen Treffen des ANC teil, wo auch beschlossen wurde, dass er, sollte er im Hochverratsprozess freigesprochen werden, sofort abtauchen und nicht wieder nach Hause kommen sollte.[187] Am 29. März 1961 wurden tatsächlich alle 156 Angeklagten freigesprochen. Aus dem Untergrund heraus war Mandela an der Organisation des Stay-at-home vom 29. Mai 1961 beteiligt.[188] Außerdem setzte er sich dafür ein, die Strategie des Befreiungskampfes um das Mittel der Gewalt zu erweitern.[189] Schließlich gelang es ihm auch, Luthuli und die Vertreter der indischen Befreiungsorganisationen für den bewaffneten Kampf zu gewinnen. Dieser sollte jedoch weitestgehend unabhängig vom ANC sein, um diejenigen nicht zu gefährden, die den ANC wegen seines Gewaltverzichts unterstützten.[190] Im November 1961 wurde schließlich der MK gegründet. »Es war diese Entscheidung für die kontrollierte Anwendung von Gewalt, die den Ruf Mandelas als des legendären Führers im Kampf gegen die Apartheid endgültig besiegelte.«[191] 1962 nahm Mandela an einer Konferenz der panafrikanischen Freiheitsbewegung teil. Im Rahmen dieser Reise besuchte er noch weitere afrikanische Staaten, um für den MK um Unterstützung zu werben.[192] Vor allem brauchte der MK Waffen und militärische Ausbildung. Nach einem kurzen Aufenthalt in London sollte Mandela selbst eine sechsmonatige Ausbildung in Äthiopien erhalten.[193] Allerdings wurde er schon nach wenigen Wochen nach Südafrika zurückbeordert, da die Situation dort zu eskalieren drohte.[194] Kurz nach seiner Rückkehr wurde

[185] Vgl.: Meer: Stimme der Hoffnung, S. 180.
[186] Vgl.: Hagemann: Nelson Mandela, S. 60–61.
[187] Vgl.: Ebd., S. 62.
[188] Vgl.: Bierling: Nelson Mandela, S. 56.
[189] Vgl.: Mandela: Der lange Weg, S. 364–365.
[190] Vgl.: Hagemann: Nelson Mandela, S. 67.
[191] Ebd.
[192] Vgl.: Meer: Stimme der Hoffnung, S. 207.
[193] Vgl.: Bierling: Nelson Mandela, S. 65.
[194] Vgl.: Hagemann: Nelson Mandela, S. 70–72.

er am 5. August 1962 auf dem Weg von Durban nach Johannesburg verhaftet. Bei dem anschließenden Verfahren wurden ihm jedoch lediglich die Anstiftung zum Streik und das illegale Verlassen des Landes vorgeworfen.[195] Mandela verteidigte sich in diesem Prozess selbst und nutzte das Verfahren als Medium, um den Befreiungskampf weiter zu propagieren.[196] Er wurde zu fünf Jahren Haft verurteilt. Am 9. Oktober 1963, also noch während seiner Haftstrafe, wurde das Verfahren im Rivonia-Prozess eröffnet. Auch diesen nutzten die Angeklagten vor allem zur Stärkung »ihrer Sache«.[197] Am 20. April 1964 hielt Mandela seine später sehr berühmt gewordene Verteidigungsrede, die fast vier Stunden dauerte und vor allem darauf abzielte, die südafrikanische und ausländische Öffentlichkeit für den ANC und den bewaffneten Kampf zu gewinnen.[198] Die Hauptangeklagten scheinen sich des Risikos der Todesstrafe durchaus bewusst gewesen zu sein. Mandela, Sisulu und Govan Mbeki besprachen mit ihrem Anwalt, dass sie selbst für diesen Fall keine Berufung einlegen, sondern dem Kampf als Märtyrer dienen wollten.[199] Anders als erwartet wurden die Angeklagten am 12. Juni zu lebenslangem Gefängnis auf Robben Island verurteilt. Dort gehörte auch die schwere körperliche Arbeit im Steinbruch zum Alltag der Gefangenen.[200] Kontakt durfte Mandela nur zu seiner engsten Familie halten – und das auch nur sehr eingeschränkt.

Auch im Gefängnis übernahm Mandela bald eine Führungsrolle. Er setzte sich für die Verbesserung der Haftbedingungen ein und erwirkte unter anderem, dass sich die politischen Gefangenen in Fernkursen weiterbilden durften.[201] Er selbst erlangte auf diese Weise seinen Abschluss in Jura. Auch trat er gegen die Rassendiskriminierung innerhalb des Gefängnisses ein.[202]

Im April 1982 wurde Mandela gemeinsam mit einigen anderen politischen Häftlingen in das Gefängnis in Pollsmoore verlegt. Der Grund dieser Verlegung wurde ihm nicht mitgeteilt.[203] Dort bekam er mehrfach offizielle Besuche, beispielsweise von dem amerikanischen

195 Vgl.: Bierling: Nelson Mandela, S. 68.
196 Vgl.: Mandela: Der lange Weg, S. 425.
197 Vgl.: Ebd., S. 484.
198 Vgl.: Hagemann: Nelson Mandela, S. 79.
199 Vgl.: Ebd., S. 81.
200 Vgl.: Ebd., S. 85.
201 Vgl.: Bierling: Nelson Mandela, S. 82.
202 Vgl.: Hagemann: Nelson Mandela, S. 85.
203 Vgl.: Mandela: Der lange Weg, S. 681–682.

Rechtsprofessor Samuel Dash und dem britischen Oberhausmitglied Lord Nicholas Bethell.[204] Ende 1985 erlaubte die Regierung außerdem einer Gruppe von sieben »bedeutenden Persönlichkeiten« des Commonwealth einen Besuch bei Mandela.[205]

Im Januar 1985 war Mandela erstmals öffentlich die Freilassung angeboten worden. Bedingung dafür war, dass er der Gewalt abschwöre.[206] Dieses Angebot lehnte Mandela ab und ließ durch seine Tochter Zindzi eine entsprechende Erklärung verlesen.[207]

Während eines Krankenhausaufenthalts im November 1985 bekam Mandela erstmals Besuch von Justizminister Kobie Coetsee.[208] Nach seiner Rückkehr erhielt er eine deutlich komfortablere Zelle, allerdings nun getrennt von seinen Mithäftlingen. In der Folge kam es immer häufiger zu Treffen zwischen Mandela und dem eigens dafür eingerichteten Sonderkomitee der Regierung.[209] Im Dezember 1988 wurde er ein weiteres Mal verlegt und lebte fortan auf dem Grundstück des Victor-Vester-Gefängnisses in einem Haus, in dem zuvor einer der Wärter gewohnt hatte. Im Zuge der Gespräche konnte Mandela das Sonderkomitee davon überzeugen, auch die anderen im Rivonia-Prozess verurteilten ANC-Anführer an den Verhandlungen teilhaben zu lassen. Sein Haus im Gefängnis entwickelte sich zu einem »Verhandlungszentrum«.[210] Am 5. Juli 1989 kam es zu dem von Mandela erbetenen Treffen mit Botha. Bei diesem Gespräch, das unter absoluter Geheimhaltung stattfand, wurde jedoch nicht über Politik gesprochen. Lediglich kurz vor Ende der Unterredung bat Mandela darum, alle politischen Gefangenen freizulassen, was Botha allerdings ablehnte.[211] Sein Nachfolger hingegen war bereit, über die Freilassung der Gefangenen zu verhandeln. Am 15. Oktober 1989 wurden die übrigen Rivonia-Verurteilten, unter ihnen auch Walter Sisulu, freigelassen; Mandela folgte am 11. Februar 1990. Noch am Tag seiner Freilassung hielt er seine erste Rede vom Balkon des Rathauses in Kapstadt.[212] An den Verhandlungen über die

[204] Vgl.: Hagemann: Nelson Mandela, S. 99.
[205] Vgl.: Ebd., S. 107.
[206] Vgl.: Bierling: Nelson Mandela, S. 90.
[207] Vgl.: Mandela: Der lange Weg, S. 699.
[208] Vgl.: Ebd., S. 681–682.
[209] Vgl.: Hagemann: Nelson Mandela, S. 113–114.
[210] Vgl.: Ebd., S. 117.
[211] Vgl.: Mandela: Der lange Weg, S. 736.
[212] Vgl.: Bierling: Nelson Mandela, S. 98.

Neuorganisation Südafrikas war Mandela maßgeblich beteiligt. 1991 wurde er zum Präsidenten des ANC gewählt. Gemeinsam mit F. W. de Klerk erhielt er im Dezember 1993 den Friedensnobelpreis »for their work for the peaceful termination of the apartheid regime, and for laying the foundations for a new democratic South Africa«[213]. Die ersten freien Wahlen gewann der ANC mit deutlicher Mehrheit (62,6 % der Stimmen). Am 10. Mai 1994 wurde Mandela feierlich als Präsident von Südafrika vereidigt.

[213] Nobelprize.org: The Nobel Peace Prize 1993. Nelson Mandela, W.F. De Klerk. http://www.nobelprize.org/nobel_prizes/peace/laureates/1993/mandela-facts.html (letzter Zugriff: 13.08.2013).

3 Hintergrund Bundesrepublik Deutschland

3.1 Die Südafrikapolitik der Bundesrepublik

Obwohl Südafrika in beiden Weltkriegen auf der Seite Großbritanniens gegen Deutschland gekämpft hatte, waren die Beziehungen zwischen dem afrikaansen Teil der südafrikanischen Bevölkerung und Deutschland immer recht freundschaftlich gewesen. Bereits unter den ersten europäischen Siedlern am Kap befanden sich Deutsche. Bis zur Übernahme der Kolonie durch die Briten 1806 waren etwa 14000 Deutsche in die Kapkolonie eingewandert, die sich fast ausnahmslos in die afrikaanse Gesellschaft integriert hatten. In der Folgezeit kamen noch etwa 30000 bis 40000 weitere deutsche Migranten hinzu, die sich größtenteils in geschlossenen Siedlungen niederließen.[214] Kaiser Wilhelm II. hatte nach dem missglückten Jameson Raid[215] am 3. Januar 1896 ein Glückwunschtelegramm an den Präsidenten von Transvaal, Paul Krüger, gesandt. Während des Südafrikanischen Krieges hatten einige Deutsche Geld für die Afrikaaner-Republiken gesammelt.[216] Außerdem unterstützten einige deutsche Söldner die afrikaansen Einheiten.[217]

Da Deutschland nach dem Ende des Zweiten Weltkrieges seine Souveränität verloren hatte, konnte es auch keine eigenständige Außenpolitik mehr betreiben. Erst mit der Gründung der Bundesrepublik Deutschland 1949 und vor allem mit Inkrafttreten des Deutschlandvertrages am 5. Mai 1955 erhielt es den Großteil seiner Souveränität und somit auch die Möglichkeit einer eigenständigen Außenpolitik zurück.

Die Südafrika-Politik der Bundesrepublik Deutschland teilte Politikwissenschaftler Peter Meyns 1987 in drei Phasen ein:

[214] Vgl.: Rode: Die Südafrikapolitik der Bundesrepublik, S. 11.

[215] Der Jameson Raid war ein von Cecil Rhodes initiierter und im Dezember 1895/ Januar 1986 von Leander Starr Jameson durchgeführter Versuch der britischen Kapkolonie, die Afrikaanerrepublik Transvaal zu erobern. Dabei wurde die Unterstützung durch die Uitländer in Transvaal deutlich überschätzt, und Jameson musste sich am 2. Januar den afrikaansen Truppen ergeben.

[216] Vgl.: O.V.: Recht hübsch und blond, *in:* DER SPIEGEL 11/1992, S. 100–108, hier: S. 104.

[217] Vgl.: Hagemann: Kleine Geschichte Südafrikas, S. 53.

1. bis 1973 »muddling through« (sich durchwursteln),
2. von 1973–1982 »the Soweto shock«,
3. nach 1982 »cooperation without change.[218]

In der ersten Phase hatte die Bundesregierung kein dezidiertes Programm, weder zur Afrika-Politik im Allgemeinen noch zur Südafrika-Politik im Speziellen. Das Hauptaugenmerk der bundesdeutschen Außenpolitik lag auf dem Ost-West-Konflikt.[219] Bis in die 1960er-Jahre hinein waren die afrikanischen Länder größtenteils noch Kolonien, und außenpolitische Verbindungen liefen ausschließlich über die Mutterländer. Südafrika war aufgrund seiner antikommunistischen Haltung ein willkommener Partner.[220] Bereits kurz nach Ende des Krieges wurde an die Verbindungen der Vergangenheit angeknüpft. 1947 hatte sich Südafrika der deutschen Wirtschaft wieder geöffnet.[221] Die enge Verbundenheit der Afrikaaner mit den Deutschen zeigte sich außerdem in einer Massenadoption 83 deutscher Waisenkinder durch afrikaanse Familien im Jahr 1948. Die leiblichen Eltern dieser Kinder waren vorzugsweise Angehörige der Waffen-SS gewesen;[222] sie sollten das »arische Blut auffrischen«[223] und die »weiße Rasse« in Südafrika stärken.[224] Auch der damalige Premierminister Daniel Malan adoptierte eines dieser Kinder.[225] Ursprünglich war sogar die Adoption von 10000 Kindern geplant.[226]

1955 entsandte die Bundesrepublik einen ersten Botschafter nach Südafrika, zuvor wurde sie seit 1951 durch einen Generalkonsul in Kapstadt vertreten.[227] In den Instruktionen für den neuen Botschafter Dr. Gustav Strohm wurde dieser darauf hingewiesen, »daß eine Politik, die auf die Erhaltung Südafrikas als ‚Weißen Mannes Land' ziele, das politische Erwachen des afrikanischen Nationalismus beschleunige und zu einem Gefahrenherd erster Ordnung werden könne. Falls es in

[218] Vgl.: Meyns, Peter: Cooperation Without Change. The Foreign Policy of the federal Republic of Germany in Southern Africa, Bonn 1987, S. 14–25.
[219] Vgl.: Ebd., S. 15.
[220] Vgl.: Ebd.
[221] Youkpo, Boli Nicoème: Les relations entre la République Fédérale d'Allemagne et l'afrique du Sud (1949–1982), Frankfurt a.M. 1986, S. 17.
[222] Vgl.: Hagemann: Kleine Geschichte Südafrikas, S. 67.
[223] Vgl.: O.V.: Recht hübsch und blond, S. 100.
[224] Vgl.: Ebd.
[225] Vgl.: Ebd., S. 104.
[226] Vgl.: Hagemann: Kleine Geschichte Südafrikas, S. 67.
[227] Vgl.: Rode: Die Südafrikapolitik der Bundesrepublik Deutschland, S. 52.

Südafrika zu Diskussionen über diese Frage komme, [wurde] *,größte Zurückhaltung'* empfohlen.«[228] Auch seine Vorgänger hatten schon bemerkt, dass eine zurückhaltende Position gegenüber der Apartheidpolitik angebracht sei. Dr. Hans Schwarzmann, der von 1953 bis 1956 das Konsulat in Kapstadt leitete, sagte zum Beispiel: »Jede Kritik an der Rassengesetzgebung wird hier misstrauisch beobachtet und kann dazu führen, die wohlwollende Haltung der Südafrikaner gegenüber dem deutschen Element negativ zu beeinflussen.«[229] Ein anderer deutscher Diplomat, Dr. Harald Bielfeld, der von 1950 bis 1960 für das Auswärtige Amt in Südafrika tätig war, schrieb in einer Empfehlung: »Wie auch immer der neutrale Beobachter zu der Behandlung der Rassenfrage in Südafrika stehen mag, darf diese Einstellung der Südafrikaner, die auch von der Mehrheit der hiesigen Deutschen geteilt wird, im Interesse der guten Beziehungen zwischen unseren Ländern nicht übersehen werden.«[230] Es zeigt sich also, dass zumindest die deutschen Diplomaten eher bereit waren, die Apartheid stillschweigend hinzunehmen, als die »guten Beziehungen« zu gefährden. Der Widerstand der schwarzen Bevölkerungsmehrheit wurde offenbar eher gefürchtet als unterstützt. Dass es sich bei den bilateralen Beziehungen um solche mit der weißen Minderheit handelte, schien selbstverständlich und wurde nicht hinterfragt.[231] Der damalige Bundesminister für Ernährung, Landwirtschaft und Forsten und spätere Bundespräsident Heinrich Lübke erklärte im Jahr 1955 sogar, er wisse »die Rassenprobleme hier in guten Händen«[232]. Es sollte bis zum Jahr 1963 dauern, bis sich das Auswärtige Amt erstmals von der Apartheid distanzierte.[233] In gewisser Weise unterstützte die Bundesrepublik sogar direkt das radikale Vorgehen gegen den internen Widerstand in Südafrika. Im Rahmen des Hochverratsprozesses von 1956 hatte die Südafrikanische Botschaft in der Bundesrepublik um Material aus dem Prozess gegen die KPD gebeten, der mit ihrem Verbot geendet hatte. Ohne genauer die Situation zu prüfen, händigte die Bundesregierung dieses Material aus.[234] Auch das Kulturabkommen

[228] Möller: Elitenkontinuität und Politik in der Dritten Welt, Berlin 2010, S. 138. Hervorhebungen im Original.
[229] Zitiert nach: Ebd., S. 142.
[230] Zitiert nach: Ebd., S. 140.
[231] Vgl.: Rode: Die Südafrikapolitik der Bundesrepublik Deutschland, S. 23.
[232] Zitiert nach: Duve, Freimut: Kap ohne Hoffnung oder Die Politik der Apartheid, Reinbek bei Hamburg 1965, S. 91.
[233] Vgl.: Rode: Die Südafrikapolitik der Bundesrepublik Deutschland, S. 25.
[234] Vgl.: Hagemann: Kleine Geschichte Südafrikas, S. 85.

von 1962 verdeutlichte noch einmal die engen Verbindungen der beiden Staaten.

War die Position der jungen Bundesrepublik in den ersten Jahren kaum kritisiert worden, geriet sie außenpolitisch durch die wachsende Anzahl unabhängiger afrikanischer Staaten immer mehr unter Druck. Zum einen wurden die neuen Staaten relativ schnell in die UNO aufgenommen und veränderten dort maßgeblich das Kräfteverhältnis, zum anderen kam so eine große Gruppe neuer Staaten in die internationale Politik, die es in Zeiten des Ost-West-Konfliktes und der Hallstein-Doktrin auf die eigene Seite zu ziehen galt. Die positive Haltung der Bundesrepublik gegenüber der Apartheidpolitik in Südafrika war hierbei jedoch ein großes Hindernis und musste überdacht werden.[235] Zwar war eine Distanzierung vom weißen Apartheidregime in dieser neuen Situation notwendig, doch wollte man auch die guten wirtschaftlichen Beziehungen zu Südafrika nicht gefährden. Von deutschen Politikern wurde daher zunehmend die Trennung von Wirtschaft und Politik proklamiert. Außenminister Willy Brandt sagte dazu 1968 in seinen »Leitlinien der deutschen Afrikapolitik«, man sei »für den Ausbau der Wirtschaftsbeziehungen selbst zu solchen Staaten, mit denen wir erhebliche politische Kontroversen haben [...]«[236] Der Afrikanist Rainer Tetzlaff bezeichnete daher die Leitlinien auch als »Opportunitätsdoktrin«[237]. Günter Verheugen interpretierte diese Äußerung Brandts später im Zusammenhang mit der Ostpolitik: »Man konnte den Außenhandel im Fall Südafrika nicht gut Menschenrechtsgesichtspunkten unterordnen, wenn man ihn mit Osteuropa gerade entwickeln wollte.«[238] So gelang es, sich zwar politisch von der Apartheidpolitik zu distanzieren, die wirtschaftliche Zusammenarbeit aber aufrechtzuerhalten. Die Bedeutung dieser Beziehungen zu Südafrika für die deutsche Wirtschaft wurde dabei im Allgemeinen überschätzt.[239] Es ist davon auszugehen, dass die Unterstützung des Apartheid-Regimes vornehmlich auf die

[235] Vgl.: Rode: Die Südafrikapolitik der Bundesrepublik Deutschland, S. 24.

[236] Zitiert nach: Wenzel: Südafrika-Politik der Bundesrepublik Deutschland 1982–1992, S. 36.

[237] Tetzlaff, Rainer: Grundzüge und Hintergründe Bonner Afrika-Politik: Eine Einführung, *in:* Bley, Helmut, Tetzlaff, Rainer (Hg.): Afrika und Bonn. Versäumnisse und Zwänge deutscher Afrika-Politik, Reinbek bei Hamburg 1978, S. 28–69, hier S. 36.

[238] Verheugen, Günter: Apartheid. Südafrika und die deutschen Interessen am Kap, Köln 1986, S. 74.

[239] Vgl.: Wenzel: Südafrika-Politik der Bundesrepublik Deutschland 1982–1992, S. 49.

Angst vor der Ausdehnung des Kommunismus zurückzuführen ist.[240] Wie ernst es mit der politischen Distanzierung war, zeigt erneut das Kulturabkommen, das immerhin bis 1986 Bestand hatte. Wichtig ist, noch einmal herauszustellen, dass sich die Politik der Bundesrepublik zum gesamten südlichen Afrika bis in die 1970er-Jahre hinein ausschließlich auf die weißen Regierungen beschränkte.[241]

Die zweite Phase war vom wachsenden Druck auf die deutsche Regierung geprägt. 1973 waren die beiden deutschen Staaten in die UNO aufgenommen worden, wo mittlerweile fast ein Drittel aller Sitze in der Generalversammlung von neuen, unabhängigen Staaten besetzt war. Dadurch gewann die Afrika-Politik an Bedeutung, da vor allem diese von den nun unabhängigen Staaten kritisch betrachtet wurde. Der Zusammenbruch der portugiesischen Kolonialherrschaft 1975/76 in Angola und Mosambik zeigte, ebenso wie der Schüleraufstand von Soweto 1976 und seine brutale Niederschlagung, wie instabil die weiße Herrschaft in Afrika war.[242]

Außenminister Hans-Dietrich Genscher erkannte, dass ein Umdenken notwendig war. Er erfuhr im Rahmen der »Kontaktgruppe« der UNO, die Verbindungen mit der SWAPO (South-West Africa People's Organisation) aufnehmen wollte, wie sehr die deutsche Afrika-Politik »aus Sicht der schwarzafrikanischen Staaten und Bewegungen bereits diskreditiert war«.[243] 1977 stimmte die Bundesrepublik in der UNO für ein bindendes Waffenembargo gegen Südafrika. Weitere Sanktionen wurden jedoch vehement abgelehnt und dadurch die Entschlüsse der UNO gebremst.[244] Der Einfluss der Sowjetunion auf die neuen Regierungen und die Befreiungsbewegungen im südlichen Afrika machte diese gerade für die CDU/CSU-Fraktion zu Feinden im Ost-West-Konflikt. So wurden sie von beiden Parteien regelmäßig als »terroristische Organisationen« bezeichnet.[245]

Die dritte Phase beginnt mit dem Regierungswechsel in der Bundesrepublik 1982, ist aber auch geprägt durch die Veränderungen in Südafrika selbst. Die Bundesregierung betonte in dieser Zeit immer wieder, dass

240 Vgl.: Wenzel: Südafrika-Politik der Bundesrepublik Deutschland 1982–1992, S. 54.

241 Vgl.: Rode: Die Südafrikapolitik der Bundesrepublik Deutschland, S. 23.

242 Vgl.: Wenzel: Südafrika-Politik der Bundesrepublik Deutschland 1982–1992, S. 38.

243 Vgl.: Ebd.

244 Vgl.: Ebd., S. 39.

245 Vgl.: Ebd., S. 40.

sie gegenüber Südafrika eine »zielstrebige Friedenspolitik«[246] vertrete, um den Frieden zu wahren und die Menschenrechte durchzusetzen. Außerdem sollte ein gewaltfreier Wandel unterstützt werden. Um diese Ziele zu erreichen, setzte die Bundesregierung auf einen kritischen Dialog.[247] Dabei handelte es sich um ein »ständiges Drängen, Fordern und Kritisieren«[248], das jedoch meist ohne die Öffentlichkeit stattfand, weil man so die Erfolgschancen höher einstufte.[249] Im Zusammenhang mit der Afrika-Politik kam es zu einem Konflikt zwischen dem Auswärtigen Amt, mit Genscher an seiner Spitze, und Teilen der CDU/CSU um den CSU-Vorsitzenden Franz Josef Strauß. Das Auswärtige Amt stand hinter der Südafrika-Politik der EPZ, die die Aufhebung des Ausnahmezustandes und der Bannung von ANC und anderen Oppositionsbewegungen sowie die bedingungslose Freilassung aller politischen Gefangenen forderte und erkannt hatte, dass die Apartheid nicht reformierbar sei, sondern gänzlich abgeschafft werden müsse.[250] CDU/CSU hingegen hatten im März 1983 ein Thesenpapier zur Außenpolitik erarbeitet, in dem unter anderem die Beendigung der Beziehungen zur »pro-kommunistischen [und] terroristischen SWAPO«[251] sowie die Abwendung von der Resolution 435 der UNO[252] gefordert wurden. In Hinblick auf Südafrika verlangten sie, auf die Regierung einzuwirken, dass die Verfassungsreform in einer Weise gestaltet werde, »daß die weiße Kultur erhalten bleibt [und] der Aufstieg der farbigen, besonders der schwarzen Bevölkerung sich evolutionär und organisch vollzieht«[253]. CDU und CSU distanzierten sich von den Befreiungsbewegungen, da diese eine Willkürherrschaft anstreben und Terrorhandlungen verüben würden.[254] Gerade in Bezug auf Namibia wurde immer wieder auf die Verantwortung der Bundesregierung gegenüber der deutschen oder deutschstämmigen

[246] Der Deutsche Bundestag: Drucksache 10/833.

[247] Vgl.: Wenzel: Südafrika-Politik der Bundesrepublik Deutschland 1982–1992, S. 58.

[248] Ebd., S. 56.

[249] Vgl.: Ebd.

[250] Vgl.: Ebd., S. 59.

[251] Zitiert nach: Wenzel: Südafrika-Politik der Bundesrepublik Deutschland 1982–1992, S. 60.

[252] Mit der Resolution 435 rief der UN-Sicherheitsrat am 29. September 1978 Südafrika dazu auf, sich aus Namibia zurückzuziehen. Die Verwaltung durch Südafrika wurde als illegal bezeichnet. Namibia sollte eigenständig werden.

[253] Zitiert nach: Wenzel: Südafrika-Politik der Bundesrepublik Deutschland 1982–1992, S. 61.

[254] Vgl.: Ebd.

Minderheit im Land hingewiesen. Die CSU, vor allem Strauß, sah auch die Schließung der Deutschen Botschaft in Windhoek sehr kritisch und forderte deren Wiedereröffnung. Diese Differenzen innerhalb der Regierungskoalition, die sich auf die Besetzung der diplomatischen Ämter in Südafrika auswirkten,[255] führten zu einer Stagnation in der Südafrika-Politik. Zwar konnte sich Genscher in weiten Teilen durchsetzen, was die Formulierung der Ziele anbelangte, jedoch wurden keine neuen Mittel zu ihrer Erreichung eingesetzt, und es blieb beim kritischen Dialog. Auf Besuche hochrangiger deutscher Politiker in Südafrika wurde zwischen 1978 und 1991 gänzlich verzichtet.[256] Dennoch kam es zu mehreren Treffen im Ausland.[257]

Im Januar 1988 reiste Strauß im Auftrag des Bundeskanzlers nach Südafrika, um nach Möglichkeiten zu suchen, wie die Bundesregierung den friedlichen Wandel unterstützen könnte.[258] Sein apartheidfreundliches Verhalten, inklusive eines Besuchs im Homeland Bophuthatswana und eines Treffens mit der Interimsregierung in Namibia, beide von der Bundesrepublik nicht offiziell anerkannt, führten zu einem heftigen Streit innerhalb der Koalition und zu heftiger Kritik vonseiten der Opposition. Dies ging so weit, dass dazu eine Aktuelle Stunde im Bundestag abgehalten wurde.[259]

Der Umgang mit den Befreiungsbewegungen war zunächst eher zurückhaltend. Nachdem Brandt erste Kontakte zur FRELIMO in Mosambik aufgebaut hatte, war Genscher an einer Vertiefung der Verbindungen zu den Oppositionsbewegungen in Südafrika interessiert.[260] Der Kontakt zur SWAPO kam im Rahmen der UN-Kontaktgruppe zustande und war insofern der Kritik etwas entzogen, auch wenn dennoch vonseiten der CSU gelegentlich gefordert wurde, diese Beziehungen aufzugeben.[261] Bei den Oppositionsbewegungen innerhalb Südafrikas kamen weitere Probleme hinzu. Durch ihre repressive Politik hatte die Regierung eine Opposition nach westlichen Maßstäben beinahe unmöglich gemacht.[262]

[255] Vgl.: Wenzel: Südafrika-Politik der Bundesrepublik Deutschland 1982–1992, S. 65.
[256] Vgl.: Ebd., S. 64 und 66.
[257] Vgl.: Ebd., S. 67.
[258] Vgl.: Ebd., S. 68.
[259] Vgl.: Ebd., S. 68–71.
[260] Vgl.: Ebd., S. 75–76.
[261] Vgl.: Ebd., S. 60.
[262] Vgl.: Ebd., S. 76.

Durch die Verbindung von ANC, UDF und COSATU mit der SACP war ihre Diskreditierung als kommunistisch in der Bundesrepublik sehr populär.[263] Außerdem hatte sich die Bundesregierung immer wieder zu einem gewaltfreien Wandel bekannt, während der ANC offen den bewaffneten Kampf propagierte. Eine direkte Unterstützung des ANC war somit nicht möglich. Es gab jedoch humanitäre Hilfe zum Beispiel für Familien inhaftierter UDF-Aktivisten.[264] Gleichwohl eröffnete der ANC 1980 ein Büro in Bonn, wo es zu Begegnungen zwischen Vertretern des ANC und des Auswärtigen Amtes kam, beispielsweise zwischen dem ANC-Generalsekretär Alfred Nzo und der Staatsministerin Hildegard Hamm-Brücher. 1986 gab es sogar ein Treffen zwischen Außenminister Genscher und ANC-Präsident Oliver Tambo. Genscher war damit der erste westliche Außenminister, der einen derart offiziellen Kontakt zum ANC herstellte.[265] Die zarte Verbindung zwischen den offiziellen Vertretern der Bundesregierung und der südafrikanischen Opposition wurde durch zahlreiche Aktivitäten einzelner Politiker, der Parteien oder parteinaher Stiftungen unterstützt.[266] CDU und CSU konzentrierten sich hierbei jedoch vor allem auf die Kontakte zur Inkatha, die hauptsächlich wegen ihrer Anpassung an das Apartheidsystem vielfach kritisiert wurde.[267]

Im kulturpolitischen Bereich kam es etwa ab 1980 zu einem leichten Wandel. Das Kulturabkommen, das bislang nur eine Zusammenarbeit mit Institutionen der Weißen vorgesehen hatte, wurde nun auch auf Einrichtungen der nicht-weißen Bevölkerung Südafrikas ausgeweitet. Hierbei stand die Verbesserung der Bildungschancen im Vordergrund.[268] Auch die deutschen Schulen öffneten sich auf erheblichen Druck der Bundesregierung hin Anfang der 1980er Jahre für nicht-weiße Schüler. 1985 waren jedoch von 3 500 Schülern lediglich 43 nicht weiß.[269] Da die Bundesrepublik der einzige westliche Staat war, der über ein Kulturabkommen mit Südafrika verfügte, wuchs die internationale Kritik an dieser Politik, bis die Bundesregierung im September 1985 beschloss, das Kulturabkommen aufzukündigen. Allerdings sollten direkt im Anschluss daran Verhandlungen über ein neues aufgenommen werden.[270]

263 Vgl.: Wenzel: Südafrika-Politik der Bundesrepublik Deutschland 1982–1992, S. 76
264 Vgl.: Ebd., S. 76–77.
265 Vgl.: Ebd., S. 78.
266 Vgl.: Ebd., S. 80.
267 Vgl.: Ebd., S. 80–81.
268 Vgl.: Ebd., S. 90.
269 Vgl.: Ebd., S. 90–91.
270 Vgl.: Ebd., S. 92.

Im Bereich der Wirtschaftsbeziehungen war die Bundesregierung zu keinem Zeitpunkt gewillt, Maßnahmen zu ergreifen, diese als politisches Druckmittel zu nutzen. Immer wieder wurde darauf hingewiesen, dass sie sich an alle internationalen Verpflichtungen halte. Ansonsten seien die Wirtschaft und der Außenhandel jedoch frei und unterlägen nicht der Kontrolle der Bundesregierung.[271] Im Gegensatz dazu wurde der Außenhandel mit Südafrika durch die Übernahme von Garantien und das Festhalten am Doppelbesteuerungsabkommen sogar gefördert.[272] Sanktionen lehnte die Bundesregierung vehement ab.[273] Innerhalb der intensiven Wirtschaftsbeziehungen stachen die Rüstungsexporte besonders hervor. Immer wieder kam es ab Mitte der 1960er Jahre zu direkten oder indirekten Rüstungsexporten bundesdeutscher Firmen nach Südafrika, zum Teil sogar mit direkten militärischen Auftraggebern,[274] obwohl der UN-Sicherheitsrat bereits im Juli 1963 zu einem Waffenembargo gegen Südafrika aufgerufen hatte.[275] Auch der Aufbau eines Atomprogramms wurde von deutschen Firmen unterstützt, indem sie sich an einer Uranmine beteiligten und Südafrika mit dem notwendigen Wissen und den Technologien versorgten.[276] Das Atomprogramm war einer der Gründe für die Einrichtung des Kulturabkommens, da auf diese Weise auch der Austausch auf wissenschaftlicher Ebene erleichtert wurde.[277]

3.2 Die Neuen Sozialen Bewegungen

In den Jahren 1967 bis 1986 kam es in der Bundesrepublik zu einer »explosiven Ausbreitung sozialer Bewegungen«[278]. Diese werden vom Politologen Joachim Raschke definiert als »ein kollektiver Akteur, der in

271 Vgl.: Wenzel: Südafrika-Politik der Bundesrepublik Deutschland 1982–1992, S. 84.
272 Vgl.: Ebd., S. 84–85.
273 Vgl.: Ebd., S. 97–99.
274 Vgl.: Möller: Elitenkontinuität und Politik in der Dritten Welt, S. 153–154.
275 Da Südafrika weder der Bruch noch die Gefährdung des Friedens vorgeworfen wurde, war dieser Aufruf jedoch nicht bindend. Erst 1977 wurde dann ein bindendes Waffenembargo gegen Südafrika verhängt. Vgl.: Harding, Leonhard; Schulz, Manfred; Vogt, Hermann: Die Südafrikapolitik der UNO und der Kirchen, München 1977, S. 27–28.
276 Vgl.: Möller: Elitenkontinuität und Politik in der Dritten Welt, S. 162–173.
277 Vgl.: Ebd., S. 163.
278 Haunss, Sebastian: Geschichte und Perspektiven sozialer Bewegungen, *in:* Hüttner, Bernd; Oy, Gottfried; Schepers, Norbert (Hg.): Vorwärts und viel vergessen. Beiträge zur Geschichte und Geschichtsschreibung neuer sozialer Bewegungen, Neu-Ulm 2005, S: 27–42, hier: S. 27.

den Prozeß sozialen Wandels eingreift«[279]. Die sozialen Bewegungen bedienten sich dabei auch solcher Elemente, die außerhalb der institutionalisierten Politik lagen, zum Beispiel Demonstrationen. Diese Proteste waren grundsätzlich langfristig angelegt, also keine spontanen Reaktionen auf politische Entscheidungen.[280]

Bereits im 18. Jh. hatte es erste Bewegungen dieser Art gegeben, zu nennen sind vor allem die Abolitionisten[281] in England und den USA.[282] In Deutschland entwickelten sich soziale Bewegungen erst ab 1848. Sie setzten sich in erster Linie für die Interessen der Arbeiter oder die Gleichberechtigung der Frauen ein.[283] Im 20. Jh. differenzierte sich das Themenspektrum immer weiter aus.

Die Neuen Sozialen Bewegungen, die nach 1968 entstanden, unterschieden sich von den alten vor allem dadurch, dass ihre Akteure vornehmlich der gesellschaftlichen Mittelschicht und nur noch selten der »Arbeiterklasse« angehörten.[284] Sie rekrutierten sich hauptsächlich aus der sogenannten 68er-Generation, den Akteuren der ehemaligen Studentenbewegung. Die meisten Aktivisten waren »gut ausgebildete jüngere Städter mit Dienstleistungsberufen«[285]. Häufig kritisierten sie die »Kosten von Modernisierungsprozessen«[286] und hinterfragten die herrschende Form politischer Entscheidungsfindung.[287] Insbesondere drei Bewegungen haben die Bundesrepublik nachhaltig geprägt: die Ökologiebewegung, die Frauenbewegung und die Friedensbewegung.[288] Vor

[279] Raschke, Joachim: Zum Begriff der sozialen Bewegung, *in:* Roth, Roland; Rucht, Dieter (Hg.): Neue soziale Bewegungen in der Bundesrepublik Deutschland, Bonn 1987, S. 19–29, hier: S. 20.

[280] Vgl.: Haunss: Geschichte und Perspektiven sozialer Bewegungen, S. 27.

[281] Eine Gruppe, die sich vor allem in den USA und Großbritannien für die Abschaffung der Sklaverei einsetzte. Sie sammelte bereits im Jahr 1787 11 000 Unterschriften gegen die Sklaverei. Am Boykott von Zucker, der von Sklaven hergestellt wurde, beteiligten sich ca. 300 000 Familien. Vgl.: Haunss: Geschichte und Perspektiven sozialer Bewegungen, S. 32.

[282] Vgl.: Skinner: The foundations of anti-apartheid, S. 118–119.

[283] Vgl.: Haunss: Geschichte und Perspektiven sozialer Bewegungen, S. 32.

[284] Vgl.: Lange, Dirk: Politische Alltagsgeschichte. Ein Konzept zur historischen Erforschung neuer sozialer Bewegungen, *in:* Hüttner, Bernd; Oy, Gottfried; Schepers, Norbert (Hg.): Vorwärts und viel vergessen. Beiträge zur Geschichte und Geschichtsschreibung neuer sozialer Bewegungen, Neu-Ulm 2005, S: 43–55, hier: S. 43.

[285] Rammstedt, Otthein; Wagner, Gerhard: Neue soziale Bewegungen, *in:* Schäfers, Bernhard; Zapf, Wolfgang (Hg.): Handwörterbuch zur Gesellschaft Deutschlands, Opladen 1998, S. 483–486, hier: S. 485.

[286] Lange: Politische Alltagsgeschichte, S. 43.

[287] Vgl.: Ebd.

[288] Vgl.: Rammstedt; Wagner: Neue soziale Bewegungen, S. 485.

allem bei diesen dreien kam es zu einer Institutionalisierung. Ende der 1970er-Jahre gab es auf kommunaler Ebene oft Zusammenschlüsse von Bewegungen, die als Alternative- oder Grüne-Listen bei Wahlen antraten. 1980 schlossen sich viele dieser Listen zur Bundespartei DIE GRÜNEN zusammen.[289] Es gab jedoch noch viele weitere Themenfelder, zum Beispiel die Dritte Welt und die Solidarität mit unterdrückten Völkern und Gruppen.

Nach dem Ende der Studentenbewegung war es innerhalb der Neuen Sozialen Bewegungen zwischen 1969 und 1973 zunächst wieder ruhiger geworden. Es gab eher vereinzelte Initiativen als flächendeckende Bewegungen.[290] Grund dafür waren die positive Stimmung innerhalb der Bundesrepublik und die Hoffnungen, die in die Reformpolitik der neuen Regierung unter Brandt gesetzt wurden. Gerade die schnelle Erholung nach der Wirtschaftskrise von 1966/67 hatte zu positiven Zukunftsprognosen geführt.[291] Vor allem die Ölkrise und die sich anschließende Wirtschaftskrise von 1973 bereiteten dieser positiven Stimmung indes ein Ende. Viele der Reformversprechen wurden zurückgenommen.[292] Gleichzeitig stieg die Arbeitslosenquote drastisch an. Hatte die SPD unter Brandt noch eine Politik vertreten, die viele Ziele der Bewegungen aufgriff, kam es unter Bundeskanzler Helmut Schmidt zu einer Abkehr von dieser »Bewegungspolitik«[293]. Viele Menschen wandten sich daraufhin enttäuscht von der Politik ab und engagierten sich stattdessen in Bürgerinitiativen. Auch die bereits bestehenden Bewegungen, wie die Frauenbewegung, weiteten ihr Themenspektrum aus und erhielten enormen Zulauf.[294] In den 1980er-Jahren erlebten die Neuen Sozialen Bewegungen eine Hochphase, die vor allem auf die Blockkonfronta-

289 Zur Geschichte der Partei DIE GRÜNEN siehe u. a.: Schneider, Frank: Von der sozialen Bewegung zur Institution? Die Entstehung der Partei DIE GRÜNEN in den Jahren 1978 bis 1980, Münster 1998; Pruckner, Othmar: Eine kurze Geschichte der Grünen, Wien 2005; Klein, Marku; Falter, Jürgen W.: Der lange Weg der Grünen. Eine Partei zwischen Protest und Regierung, München 2003; Kahl-Lüdtke, Ina: Entstehungsvoraussetzungen, Möglichkeiten und Grenzen grüner Politik in der Bundesrepublik Deutschland, Münster 1992.

290 Vgl.: Brand; Büsser; Rucht: Aufbruch in eine andere Gesellschaft, S. 76.

291 Vgl.: Ebd., S. 77–79.

292 Vgl.: Ebd., S. 79–81.

293 Vgl.: Fach, Wolfgang: Das Modell Deutschland und seine Krise, *in:* Roth, Roland, Rucht, Dieter: (Hg.): Die Sozialen Bewegungen in Deutschland seit 1945. Ein Handbuch, Frankfurt a. M. 2008, S. 93–108, hier: S. 106–107.

294 Vgl.: Brand; Büsser; Rucht: Aufbruch in eine andere Gesellschaft, S. 79–82.

tion, die Rüstungsspirale, die Atompolitik und die umweltfeindlichen Technologien zurückzuführen ist.[295]

Welche mobilisierende Kraft die Neuen Sozialen Bewegungen hatten, lässt sich vor allem daran erkennen, dass in der Zeit von 1975 bis 1989 etwa zwei Drittel[296] bis drei Viertel[297] aller Proteste in der Bundesrepublik durch sie initiiert waren. Dabei schaffte es die Friedensbewegung, am stärksten zu mobilisieren.[298] Insgesamt lässt sich sagen, dass »die Summe der Veränderungsimpulse der neuen sozialen Bewegungen deutlich größer [war] als die der großen Systemalternativen des 20. Jahrhunderts«.[299]

Eine dieser Neuen Sozialen Bewegungen war die Dritte-Welt-Bewegung. Auch sie bildete sich in der Folge der 68er-Bewegung heraus. Ihr Ziel war es, »politische Solidarität mit den Ländern der Dritten Welt herzustellen und [...] die konkreten Lebensbedingungen in den Ländern des Südens praktisch zu verbessern«.[300] Der Solidaritätsgedanke der Bewegung beruhte hauptsächlich auf der internationalen Solidarität gegen die Ausbreitung des Faschismus in Europa in der ersten Hälfte des 20. Jh.[301] Den Beginn der deutschen Dritte-Welt-Bewegung bildeten die Proteste gegen den Vietnamkrieg.[302] Sie waren zunächst eng mit der Studenten- und der Ostermarschbewegung verknüpft. Die Bilder aus Vietnam und vom Bürgerkrieg in Nigeria ließen ein Interesse an entwicklungspolitischen Themen entstehen.[303] Die Erkenntnis, dass es sich dabei nicht um kurzfristig lösbare Probleme handelte, führte zu einer Abkehr vom »Almosendenken der früheren Jahre«[304]. Nachdem die Initiativen zunehmend erkannten, dass auch die neue Entwicklungspolitik von Bundesminister Erhard Eppler nach wie vor von außen- und wirtschaftspolitischen Interessen dominiert war, politisierten sich

295 Vgl.: Olejniczak, Claudia: Dritte-Welt-Bewegung, *in:* Roth, Roland, Rucht, Dieter: (Hg.): Die Sozialen Bewegungen in Deutschland seit 1945. Ein Handbuch, Frankfurt a.M. 2008, S. 319–345, hier S. 328.

296 Vgl.: Fach: Das Modell Deutschland und seine Krise, S. 107.

297 Vgl.: Roth, Roland; Rucht, Dieter: Einleitung, *in:* Dies. (Hg.): Die Sozialen Bewegungen in Deutschland seit 1945. Ein Handbuch, Frankfurt a.M. 2008, S. 9–36, hier: S. 32.

298 Vgl.: Ebd.

299 Roth; Rucht: Einleitung, S. 213.

300 Olejniczak: Dritte-Welt-Bewegung, S. 338.

301 Vgl.: Ebd., S. 321.

302 Vgl.: Ebd., S. 325.

303 Vgl.: Ebd.

304 Ebd., S. 326.

die Gruppen und begannen, die Befreiungsbewegungen in Afrika und Lateinamerika politisch und materiell zu unterstützen.[305] Um die öffentliche Meinung zu beeinflussen, wurden ab 1970 von der Bewegung die ersten Dritte-Welt-Zeitschriften (iz3w und AIB)[306] herausgegeben. Außerdem wurden Dritte-Welt-Läden eröffnet und alternative Handelsorganisationen wie die GEPA gegründet, um dem ungleichen Handel zwischen Nord und Süd eine Alternative entgegenzusetzen.[307] 1977 wurde der Bundeskongress entwicklungspolitischer Aktionsgruppen (BUKO) gegründet, der als Koordinationsstelle der vielen kleinen Initiativen fungieren sollte.[308] Aufgrund dieser vielen kleinen Initiativen verfügte die Bewegung über eine große Themenvielfalt, wodurch sie es schaffte, große Bevölkerungskreise zu mobilisieren.[309]

In den 1980er-Jahren dominierte die Nicaragua-Solidarität die Aktivitäten der Dritte-Welt-Bewegung, doch auch El Salvador und die Befreiungsbewegungen in Südafrika und Namibia waren wichtige Themen.[310] Mit diesem Engagement verbanden viele Aktivisten die Hoffnung auf Überwindung des Kapitalismus, die in der »Peripherie« beginnen und dann auf die »Metropolen« abstrahlen sollte.[311] Nach dem Ende des Ost-West-Konflikts verlor die Dritte-Welt-Bewegung an ideologischer Ausrichtung und wandte sich mehr praxisorientierten Kampagnen und Konzepten zu, mit denen der Bewegung in den 1990er Jahren teilweise erneut große Mobilisierungserfolge gelangen.[312] Thematisch waren die 1990er Jahre von der Diskussion um eine nachhaltige Entwicklung geprägt. Hinzu kam die Debatte darüber, wie der Umgang mit Ressourcen in der »Ersten Welt« verändert werden müsste, damit ein langfristiges Wachstum in der »Dritten Welt« überhaupt möglich sei.[313]

305 Vgl.: Olejniczak: Dritte-Welt-Bewegung, S. 326.
306 Aktion Dritte Welt e.V. (Hg.): iz3w. Blätter des Informationszentrum 3. Welt, Freiburg 1970–2003.
307 Vgl.: Olejniczak: Dritte-Welt-Bewegung, S. 327.
308 Vgl.: Ebd.
309 Vgl.: Ebd., S. 329.
310 Vgl.: Ebd., S. 328–329.
311 Vgl.: Ebd., S. 328.
312 Vgl.: Ebd., S. 334.
313 Vgl.: Ebd., S. 334–335.

4 Die internationale Anti-Apartheid-Bewegung

Im folgenden Kapitel soll kurz die internationale Anti-Apartheid-Bewegung dargestellt werden. Dabei werden vor allem die Bewegungen in Westeuropa und den USA betrachtet. Da die Bundesrepublik sich als Teil der westlichen Welt verstand, ist eine Interpretation der bundesdeutschen Anti-Apartheid-Bewegung am ehesten im Kontext mit den Bewegungen in diesen Staaten möglich. Dennoch soll kurz auch auf die Anti-Apartheid-Position der DDR und des »Ostblocks« eingegangen werden. Insbesondere soll der Frage nachgegangen werden, inwieweit sich auch die internationalen Anti-Apartheid-Bewegungen mit Mandela beschäftigt haben.

Der südafrikanische Politologe Gregory Houston schrieb 2008 über die internationale Anti-Apartheid-Bewegung: »The struggle against white minority rule in South Africa was one of the most significant liberation struggles of the post-World-War II era. It drew effective international support [...] from all regions of the world, as did no other prior movement except the international campaign against slavery.«[314]

Die internationale Anti-Apartheid-Solidarität hatte drei Kernziele:

1. Isolierung Südafrikas und Ausschluss aus internationalen Organisationen,
2. Hilfe und Unterstützung für die Befreiungsbewegungen und die Opfer der Apartheid,
3. Herstellung einer öffentlichen Meinung gegen Apartheid.[315]

Dabei beteiligten sich sowohl staatliche Akteure, wie die UNO und einzelne Regierungen, als auch Einzelpersonen und NGOs, allen voran die verschiedenen nationalen Anti-Apartheid-Bewegungen.[316]

Bereits bei der ersten Sitzung der UNO-Generalversammlung 1946 stand die Apartheidpolitik auf der Tagesordnung.[317] Die UNO blieb

[314] Houston, Gregory: International solidarity: Introduction, *in:* The Road to Democracy in South Africa, Volume 3, International Solidarity, PART 1, S. 1–39, hier: S. 1.

[315] Vgl.: Ebd., S. 5–6.

[316] Vgl.: Ebd., S. 6.

[317] Vgl.: Reddy, Enuga S.: The United Nations and the struggle for liberation in

über die Jahre ein wichtiges Forum für die Koordination von Anti-Apartheid-Aktionen und war mit ihrem Special Committee Against Apartheid selbst ein wichtiger Akteur innerhalb der Bewegung. Vielfach konnte mithilfe der UNO die Unterstützung von Aktionen der Bewegung durch Regierungen erwirkt werden.[318]

In den westlichen Staaten kam es vereinzelt bereits in den 1950er-Jahren zu Protesten gegen die Apartheid. In der zweiten Hälfte der 1950er-Jahre begann sich langsam eine transnationale Anti-Apartheid-Bewegung zu bilden, obwohl die öffentliche Meinung in Großbritannien und den USA zu diesem Zeitpunkt die Befreiungsbewegungen noch ablehnte und lediglich eine Reform der Apartheid forderte.[319] Die Verschärfung der Apartheidgesetze und der Hochverratsprozess gegen 156 Aktivisten der Befreiungsbewegungen erregten jedoch vor allem in Großbritannien und den Niederlanden große Aufmerksamkeit. Unter anderem durch Presseartikel wurde versucht, eine Öffentlichkeit gegen die Apartheid in Südafrika herzustellen.[320] Zu einer Veranstaltung in Cambridge mit dem Geistlichen und Apartheidgegner Trevor Huddleston, der zuvor mehrere Jahre in Sophiatown bei Johannesburg tätig gewesen war, kamen 1955 ca. 2000 Menschen. Ähnlich große Besucherzahlen erreichten seine Auftritte auch in anderen britischen Städten.[321] Ebenfalls zu dieser Zeit fanden die ersten Spendenkampagnen statt, zum Beispiel durch das neu gegründete Comité Zuid-Afrika in den Niederlanden.[322] Anlässlich des Jahrestages der Inhaftierungen im Hochverratsprozess organisierten US-amerikanische Apartheidgegner zum 10. Dezember 1957 eine »Declaration of Conscience«, für die sie sogar die ehemalige amerikanische First Lady Eleanor Roosevelt als Erstunterzeichnerin gewinnen konnten.[323] Gleichzeitig wurde die britische Bevölkerung, vor allem im Rahmen einer vom ANC gestarteten Kampagne, zu einem Boykott südafrika-

South Africa, *in:* The Road to Democracy in South Africa, Volume 3, International Solidarity, PART 1, S. 41–139, hier: S. 41.

[318] Vgl.: Reddy: The United Nations and the struggle for liberation in South Africa, S. 139.

[319] Vgl.: Skinner: The foundation of Anti-Apartheid, S. 118.

[320] Vgl.: Ebd., S. 138.

[321] Vgl.: Ebd., S. 133–135.

[322] Vgl.: Bosgra, Sietse: From Jan van Riebeeck to solidarity with the struggle: The Nederlands, South africa and apartheid, *in:* The Road to Democracy in South Africa, Volume 3, International Solidarity, PART 1, Pretoria 2008, S. 533–621, hier: S. 541.

[323] Vgl.: Skinner: The foundation of Anti-Apartheid, S. 152.

nischer Waren aufgerufen.[324] Dafür wurde in Einkaufszentren demonstriert und Listen herausgegeben, welche Produkte nicht gekauft werden sollten. Da die Initiatoren bald erkannten, dass der Boykott einzelner Waren nur geringe Auswirkungen auf Südafrika haben würde, gab es schon früh Forderungen nach staatlichen Sanktionen.[325] Wenn auch der Boykott selbst innerhalb Südafrikas kaum Folgen hatte, war er doch für die Entwicklung der Anti-Apartheid-Bewegung in Großbritannien von großer Bedeutung, da es durch ihn gelang, das Thema Apartheid in die Öffentlichkeit zu tragen. In den USA hingegen war der Boykottaufruf weniger erfolgreich, was vorwiegend daran lag, dass außer Schalentieren kaum Güter für den Einzelhandel aus Südafrika importiert wurden.[326]

Auslöser für die Gründung der AAM (Anti-Apartheid Movements) in Großbritannien war schließlich das Sharpeville-Massaker. Die Presseberichte über das brutale Vorgehen der südafrikanischen Polizei hatten das Thema Apartheid in Großbritannien bekannt gemacht, und immer mehr Menschen schlossen sich den Boykottaufrufen an.[327] Durch den Zusammenschluss der Boykottinitiativen sollte der Protest gegen die Apartheid auf andere Aktionsformen ausgedehnt und besser koordiniert werden.[328] Auch in anderen Ländern, zum Beispiel in Österreich, führte das Massaker zu einer ersten Welle der Mobilisierung, die jedoch schnell wieder verebbte.[329] Erst die brutale Niederschlagung des Soweto-Aufstandes 1976 führte vielerorts zu einer Wiederbelebung der Anti-Apartheid-Bewegungen. Besonders in den USA kam es erst danach zu einem öffentlichen Interesse an der Apartheid, was vor allem damit zusammenhing, dass die USA lange Zeit mit ihren eigenen Rassismusproblemen beschäftigt waren.[330] In Europa hatte Anfang der 1970er-Jahre noch ein anderes Ereignis großen Einfluss auf die Anti-Apartheid-Bewegung. Die Unabhängigkeit der ehemaligen portugiesischen Kolonien ließ das Interesse am südlichen Afrika und im Besonderen an der Apartheid in Südafrika stark wachsen.[331]

[324] Vgl.: Skinner: The foundation of Anti-Apartheid, S. 157.

[325] Vgl.: Ebd., S. 183.

[326] Vgl.: Ebd., S. 163.

[327] Vgl.: Fieldhouse: Anti-Apartheid, S. 20.

[328] Vgl.: Ebd., S. 21.

[329] Vgl.: Sauer, Walter: Austria and South Africa during apartheid, *in:* The Road to Democracy in South Africa, Volume 3, International Solidarity, PART 1, Pretoria 2008, S. 630–640, hier: S. 631.

[330] Vgl.: Thomas, Scott: The Diplomacy of Liberation. The Foreign Relations of the African National Congress since 1960, London 1996, S. 176.

[331] Vgl.: Ebd., S. 177.

Das Zentrum der internationalen Anti-Apartheid-Bewegung bildete London. Dort waren ab den 1960er-Jahren auch die meisten Exilorganisationen ansässig, und es gab einen regen Austausch zwischen ihnen und dem AAM.[332]

Auch in den übrigen Ländern Westeuropas gründeten sich zu dieser Zeit Anti-Apartheid-Bewegungen vor allem nach britischem Vorbild.[333] In den Niederlanden hatte es bereits in den 1950er-Jahren zwei Organisationen gegeben, die sich gegen die Rassentrennung in Südafrika engagierten. 1971 schlossen sie sich zur AABN (Anti-Apartheid-Beweging Nederland) zusammen.[334] Weitere Bewegungen gründeten sich in der Schweiz (1964), in Irland (1964), in Belgien (1969) und erst in den 1970er-Jahren in der Bundesrepublik Deutschland (1974) sowie in Österreich (1976). In Frankreich bildete sich zwar bereits 1961 die erste Anti-Apartheid-Bewegung, diese konnte sich jedoch nicht halten. Erst im Verlauf der 1970er-Jahre kam es dort zu Neugründungen.[335]

In Südeuropa war die Apartheid kein großes Thema. Dies wird unter anderem daran deutlich, dass sich dort erst sehr spät Anti-Apartheid-Bewegungen gründeten – in Italien 1985 und in Spanien 1987. In Portugal gab es zwar schon früher eine Initiative gegen Apartheid, die allerdings nicht durchgehend arbeitete. In Griechenland wurde nie eine ähnliche Bewegung gegründet.[336]

In Westeuropa nahmen die skandinavischen Länder, allen voran Schweden, eine besondere Rolle ein. Während in den anderen europäischen Staaten die Unterstützung der Befreiungsbewegungen nur auf Nicht-Regierungsebene stattfand, unterhielt Schweden bereits seit 1973 reguläre diplomatische Beziehungen zum ANC und behandelte seine Vertreter wie Regierungsvertreter anderer Länder. Außerdem unter-

[332] Vgl.: Sapire, Hilary: Liberation Movements, Exile, and International Solidarity: An Introduction, *in:* Journal of Southern African Studies 35/2 (2009), S. 271–286, hier: S. 279.

[333] Vgl.: Schüssler, Sina: NGOs als Akteure der internationalen Sanktionspolitik zur Menschenrechtsförderung. Clubmitglieder oder Außenseiter?, Baden-Baden 2012, S. 156.

[334] Zur niederländischen Bewegung siehe: Bosgra: From Jan van Riebeeck to solidarity with the struggle, S. 533–621.

[335] Vgl.: Bosgra, Sietse; Derens, Jaqueline; Marchand, Jacques: France – South Africa, The Road to Democracy in South Africa, Volume 3, International Solidarity, PART 1, Pretoria 2008, S. 667–677.

[336] Vgl.: Bosgra, Sietse: Other Mediterranean countries: Spain, Portugal, Greece, *in:* The Road to Democracy in South Africa, Volume 3, International Solidarity, PART 1, Pretoria 2008, S. 715–719.

stützten die skandinavischen Länder den ANC und andere ihm nahestehende Organisationen finanziell.[337]

Zwar schafften es die Anti-Apartheid-Bewegungen in den übrigen europäischen Ländern meist, viele Menschen gegen die Apartheid zu mobilisieren, doch war ihr Einfluss auf die offizielle Politik äußerst gering. Anders war dies in den USA. Bereits 1953 wurde dort das ACOA (American Committee on Africa) gegründet, das sich gegen Apartheid und Rassismus in Südafrika wandte.[338] Mit zunehmender politischer Teilhabe der schwarzen Bevölkerung in den USA wuchsen auch das Interesse an Afrika und die Kritik an der Afrikapolitik der eigenen Regierung.[339] An Einfluss gewann die Bewegung vor allem dadurch, dass es ihr schon in den 1970er-Jahren gelang, in einzelnen Staaten und Gemeinden ihre Divestment-Kampagnen durchzusetzen. Ziel dieser Kampagnen war es, die wirtschaftlichen Beziehungen zwischen amerikanischen Unternehmen und Südafrika zu unterbinden. Dafür wurden Konten bei Banken gekündigt und Aktien von Firmen verkauft, die Geschäfte mit Südafrika machten. Bis 1986 hatten 19 Bundesstaaten und 83 Gemeinden Divestment-Gesetze verabschiedet.[340] Außerdem war die Anti-Apartheid-Bewegung zu einem großen Teil mit der Bürgerrechtsbewegung verbunden. Da diese vehement das Ende der Constructive Engagement-Politik forderte, hatten viele Politiker auch Angst, als Gegner der Bürgerrechtsbewegung zu gelten, wenn sie an der Constructive Engagement-Politik festhielten.[341] Deshalb verabschiedeten sowohl das Repräsentantenhaus als auch der Senat im Juni 1985 mit großer Mehrheit Gesetzesvorlagen, die Wirtschaftssanktionen gegen Südafrika vorsahen. Am 9. September desselben Jahres wurde dann von Reagan die Executive Order erlassen, die eine abgeschwächte Form der vom Kongress vorgelegten Sanktionen war.[342] Die Anti-Apartheid-Bewegung war damit jedoch noch nicht zufrieden, zumal sich in Südafrika keine Veränderungen abzeichneten. Auch im Kongress wurde weiter über Anti-Apartheid-Gesetze verhandelt. 1986 überstimmte

[337] Vgl.: Sellström, Tor: Sweden and the Nordic countries: Official Solidarity and assistance from the West, *in:* The Road to Democracy in South Africa, Volume 3, International Solidarity, PART 1, Pretoria 2008, S. 421–531, hier: S. 422.

[338] Vgl.: Skinner: The foundation of Anti-Apartheid, S. 109.

[339] Vgl.: Culverson, Donald R.: The Politics of the Anti-Apartheid Movement in the United States, 1969–1986, *in:* Political Science Quarterly, 111/1 (1996), S. 127–149, hier: S. 134.

[340] Vgl.: Wenzel: Die Südafrikapolitik der USA in der Ära Reagan, S. 98–99.

[341] Vgl.: Ebd., S. 101.

[342] Vgl.: Ebd., S. 102.

der Kongress das Veto des Präsidenten, und der Anti-Apartheid Act of 1986 wurde eingeführt. Er stellte eine Verschärfung der Executive Order dar und beinhaltete außerdem eine Klausel, dass die Sanktionen auch auf solche Länder ausgeweitet werden könnten, die versuchten, die amerikanischen Sanktionen durch den verstärkten Handel mit Südafrika zu untergraben. Zudem waren Bedingungen enthalten, wann die Sanktionen zurückgenommen werden könnten, darunter die Freilassung Nelson Mandelas.[343] Es zeigt sich also, dass es der US-amerikanischen Anti-Apartheid-Bewegung gelang, massiven Einfluss auf die Südafrika-Politik ihres Landes zu nehmen.

Zwischen den Bewegungen kam es gerade im Rahmen des UN Special Committee Against Apartheid und auf Konferenzen innerhalb der EG regelmäßig zu einem intensiven Austausch.[344] Dennoch blieben sie in erster Linie nationale Bewegungen.[345]

Neben den bereits genannten Boykotten südafrikanischer Waren und den traditionellen Formen des Protests wie Demonstrationen, Flugblättern und Diskussionsveranstaltungen verwendeten die Bewegungen sehr unterschiedliche und vor allem seit den 1980er-Jahren zum Teil sehr kreative Mittel, um auf die Apartheidpolitik in Südafrika aufmerksam zu machen. Zum Beispiel hatte am 13.06.1988 in Glasgow eine Demonstration gegen die Apartheid und für Mandelas Freilassung stattgefunden, an der sich 15 000 Menschen beteiligten. Nach der Demonstration brachen 25 Aktivisten, einer für jedes Jahr, das Mandela bereits im Gefängnis gewesen war, auf und marschierten gemeinsam nach London.[346] Zu nennen ist in diesem Zusammenhang auch das große, hauptsächlich von der britischen AAM organisierte Konzert zu Mandelas 70. Geburtstag im Wembley-Stadion, zu dem über 70 000 Besucher kamen und an dem sich viele Stars der Popkultur wie Peter Gabriel, Sting, Whoopie Goldberg und viele mehr beteiligten.[347] Überhaupt wurde die Apartheid in den 1980er-Jahren, vor allem Nelson Mandela, zunehmend innerhalb der Popkultur thematisiert. Der Song

[343] Vgl.: Wenzel: Die Südafrikapolitik der USA in der Ära Reagan, S. 107.

[344] Vgl.: Bosgra, Sietse: The liaison group of anti-apartheid movements in the EC, *in:* The Road to Democracy in South Africa, Volume 3, International Solidarity, PART 1, Pretoria 2008, S. 719–725, hier: S. 720–721.

[345] Vgl.: Schüssler: NGOs als Akteure, S. 157.

[346] Vgl.: O.V.: Betr.: 15.000 forderten Freilassung Nelson Mandelas, *in:* taz, 14.06.1988, S. 6, und Paasch, Rolf: Happy Birthday, Mister Mandela!, *in:* taz, 18.07.1988, S, 1–2.

[347] Zu dem Konzert siehe unter anderem: Benson; Nickson: Free Nelson Mandela.

»Free Nelson Mandela« von der Gruppe Special AKA war mehrere Wochen in den britischen Single Charts und erreichte dort Platz 9. Andere Künstler sangen einzelne Songs auf Konzerten für Nelson Mandela.[348] Stevie Wonder widmete 1985 sogar seinen Grammy für den Song »I just called to say I love you« Nelson Mandela, was dazu führte, dass seine Lieder in Südafrika nicht mehr gespielt wurden.[349] Ferner gab es mehrere Filme über Nelson Mandela und seinen Kampf gegen die Apartheid. Im britischen Fernsehen lief zudem eine Seifenoper über ihn und seine Frau Winnie.[350] In den 1980er-Jahren wurden an der University of Leeds außerdem neu entdeckte Elementarteilchen nach ihm benannt, die »Mandela-Partikel«.[351] Mandela war jedoch nicht der Einzige, der derart thematisiert wurde. Peter Gabriel brachte 1980 den Song »Biko« heraus, der später von mehreren anderen Künstlern nachgesungen wurde.[352] Auch ein Kinofilm mit dem Titel »Schrei nach Freiheit« wurde 1987 über Steve Biko und seinen Einsatz in der Black Consciousness-Bewegung gedreht.[353]

In den kommunistischen Staaten war die Unterstützung der Befreiungsbewegungen Teil der staatlichen Außenpolitik. Gerade für die DDR waren sie der einzige Weg für eine eigenständige Afrika-Politik.[354] Die meisten afrikanischen Staaten hatten sich angesichts der Hallstein-Doktrin für eine Zusammenarbeit mit der Bundesrepublik entschieden, da diese mehr finanzielle Mittel einsetzen konnte.[355] Der ANC wurde andererseits massiv von den kommunistischen Staaten unterstützt. Viele junge ANC-Mitglieder konnten dort zum Beispiel an einer Universität studieren, selbst wenn sie über keinen entsprechenden Schulabschluss verfügten.[356] Auch die militärische Ausbildung der MK-Kämpfer erfolgte zu einem großen Teil in den kommunistischen

[348] Vgl.: Lucius, Robert von: Rockmusik im Kampf gegen Apartheid, *in:* FAZ, 14.11.1985, S. 27 und Obst, Andreas: Sängerin ohne Worte, *in:* FAZ, 10.11.1989, S. 33.

[349] Vgl.: O. V.: Kleine Meldungen, *in:* FAZ, 28.03.1985, S. 27.

[350] Vgl.: Paasch, Rolf: Die Mandelas als Seifenoper, *in:* taz, 28.09.1987, S. 7.

[351] Vgl.: O. V.: Nelson Mandela, *in:* DER SPIEGEL 19/2001, S. 268.

[352] Vgl.: Biko by Peter Gabriel, *in:* http://www.songfacts.com/detail.php?id=727 (letzter Zugriff: 29.08.2013).

[353] Vgl.: Schrei nach Freiheit, *in:* http://www.imdb.com/title/tt0092804/ (letzter Zugriff: 29.08.2013).

[354] Vgl.: Thomas: The Diplomacy of Liberation, S. 151.

[355] Vgl.: Ebd.

[356] Vgl.: Ebd., S. 153.

Ländern. Das paramilitärische Training fand vor allem auf Kuba, in Jugoslawien und in der Tschechoslowakei statt, während die höhere militärische Ausbildung in der Sowjetunion selbst absolviert wurde.[357] Auch in der DDR wurden MK-Kämpfer ausgebildet.[358]

[357] Vgl.: Thomas: The Diplomacy of Liberation, S. 154 u. 151.

[358] Vgl.: Schleicher, Ilona: Freunde in der Not ..., *in:* Afrika Süd 41/4 (2012), S. 30–31, hier: S. 31.

5 Die »Freiheit für Nelson Mandela«-Kampagne in der Bundesrepublik Deutschland

5.1 Die Akteure und ihre Ziele

Im folgenden Abschnitt soll untersucht werden, wer die Akteure der »Freiheit für Nelson Mandela«-Kampagne in der Bundesrepublik Deutschland waren. Dabei werden sowohl die Organisationen als auch die sie tragenden Personen betrachtet. Außerdem soll der Frage nachgegangen werden, welche Ziele sie, sowohl als Gruppe als auch, soweit möglich, als Individuen, verfolgten.

Außerparlamentarische Gruppen

Die erste und zugleich einzige als Verein organisierte Gruppe in der Bundesrepublik, die sich explizit für die Freilassung Mandelas einsetzte, war die Aktionsgruppe »Freiheit für Nelson Mandela (Südafrika)« e.V. Nach Aussage ihres Gründers Karl Schmidt soll sie auch die weltweit erste Gruppe dieser Art gewesen sein.[359] Die Aktionsgruppe ging aus dem MAKSA (Mainzer Arbeitskreis Südliches Afrika) hervor. Dieser war eine »Gruppe ehemaliger kirchlicher Mitarbeiter im südlichen Afrika, von denen die meisten von den südafrikanischen Behörden ausgewiesen«[360] worden waren. Ziel des MAKSA war es, das Verhalten der EKD (Evangelische Kirche Deutschland) gegenüber den Problemen in Südafrika und Namibia zu kritisieren und mithilfe der Öffentlichkeit Druck auf sie auszuüben, keine rassistischen weißen Kirchen in der Region mehr zu unterstützen.[361]

Eines der Mitglieder des MAKSA war Karl Schmidt. Er hatte mit seiner Familie fünf Jahre in Südafrika gelebt, wo er als Pfarrer tätig war. 1971 musste er das Land verlassen. Dies hatte sowohl private Gründe, wie die Schulbildung seiner Kinder, als auch politische Ursachen.[362] Er hatte sich mehrfach an Aktionen gegen die südafrikanische Regierung

[359] Vgl.: Schmidt, Karl: Zum Umdenken bereit, S. 106.

[360] Brief vom MAKSA an die Kirchenleitung der ev. Kirche im Rheinland Herrn Oberkirchenrat Schröder vom 25.4.1973. Afas: MAKSA 2.

[361] Vgl.: Mainzer Erklärung Februar 1972, abgedruckt in: Baccia; Leidig: »Kauft keine Früchte aus Südafrika«, S. 21.

[362] Karl Schmidt in einem Interview mit der Autorin vom 22. Mai 2013.

beteiligt und auch einen offenen Brief an diese verfasst, so dass ihm ein Reentry bei seiner Ausreise verweigert wurde.[363] Während seiner Arbeit für die Dependent's Conference kam Karl Schmidt in Kontakt mit den Familien inhaftierter ANC- und PAC-Mitglieder. Seine Gemeinde unterstützte diese Familien finanziell. Besonders gefördert wurde die Schulbildung der Kinder – so stellte der Südafrikanische Kirchenrat Gelder für Schuluniformen zur Verfügung.[364] Bei diesen Kontakten wurde Karl Schmidt »die Bedeutung von Nelson Mandela bewußt [...]. An ihm, diesem anerkannten und geachteten Mann vorbei würde kein Weg führen, keiner in eine friedliche Zukunft Südafrikas.«[365] 1972 schloss sich Schmidt dem MAKSA an und setzte sich für die Gründung einer Aktionsgruppe »Freiheit für Nelson Mandela« ein, weil er der Überzeugung war, durch die Fokussierung auf Mandela »könnte ein breiterer Personenkreis aus Gesellschaft und Gemeinden zur Mitarbeit gewonnen werden«.[366]

Im MAKSA wurden diese Vorschläge positiv aufgenommen und am 22. Januar 1973 die Gründung einer Aktionsgruppe »Freiheit für Nelson Mandela« beschlossen.[367] Auch der Vorstand des MAKSA ging davon aus, dass man einer breiten Öffentlichkeit die Rassismusproblematik in Südafrika am besten »durch die Personalisierung des Konflikts in der Gestalt eines profilierten Führers des ANC«[368] verständlich machen könne. Obwohl das Hauptziel des MAKSA eine »kritische und öffentliche Analyse des EKD-Verhaltens betreffs Südafrika und Namibia«[369] war, hatte die Gruppe Anfang 1973 beschlossen, sich zunächst auf die Mandela-Aktion zu konzentrieren. Damit einher ging die Bitte an den Oberkirchenrat Schröder um finanzielle Unterstützung der Mandela-Aktion, die der MAKSA-Vorsitzende, Markus Braun, zu diesem Zeitpunkt für vordringlicher hielt als die allgemeine Unterstützung des MAKSA.[370] Im Rahmen der Mandela-Aktion sollte auch mit anderen

363 Karl Schmidt in einem Interview mit der Autorin vom 22. Mai 2013.

364 Ebd.

365 Schmidt: Zum Umdenken bereit, S. 93.

366 Ebd., S. 95.

367 Vgl.: Ebd.

368 Brief vom MAKSA an die Kirchenleitung der ev. Kirche im Rheinland Herrn Oberkirchenrat Schröder vom 25.4.1973. Afas: MAKSA 2.

369 Evangelisches Missionswerk im Bereich der Bundesrepublik Deutschland und Berlin West e.V. (EMW) (Hg.): Südafrika. Gruppen und Aktionen, Hamburg 1986, S. 29.

370 Vgl.: Brief von Markus Braun an Herrn OKR Schröder, Landeskirchenamt der Rheinischen Landeskirche vom 23. April 1973. Afas: MAKSA 2.

Gruppen wie Amnesty International und der Evangelischen Studenten Gemeinde (ESG) zusammengearbeitet werden.[371]

Ziel der Aktionsgruppe »Freiheit für Nelson Mandela (e. V.)« war es:

> »[...] das Schicksal dieser beiden Menschen [Nelson und Winnie Mandela, M. M.] in der Bundesrepublik bekannt [zu machen], aber zugleich die Aufmerksamkeit auf die vielen anderen politischen Gefangenen in Südafrika [zu lenken]. Da es sich bei Nelson Mandela um einen prominenten schwarzen Politiker und Staatsdenker handelt, sollen zugleich seine politischen Vorstellungen, die auf eine grundlegende Veränderung der südafrikanischen Gesellschaft hinzielen, in der Bundesrepublik Deutschland bekannt gemacht und die Forderung nach Freilassung dieses Politikers, der eine wirkliche Alternative zu dem Terroristen Vorster darstellt, erhoben werden.«[372]

Winnie Mandela sollte dabei vor allem zur Mobilisierung der weiblichen Adressaten genutzt werden.[373]

Die innerkirchliche Legitimation einer solchen Aktionsgruppe lieferte Schmidt in einem Brief an den württembergischen Landesbischof Dr. Helmut Class. Er bezog sich dabei auf einen Beschluss der EKD-Synode, in dem diese den Rat der EKD aufgefordert hatte, in den Gemeinden für eine verstärkte Aufklärung über die Verhältnisse in Südafrika und Namibia zu sorgen.

> »Wir sind überzeugt, daß es zu dieser Information gerade über solch einer [sic!] gezielten Einzelaktion wie der Kampagne ‚Freiheit für Nelson Mandela!‘ kommen wird, da sie nur durch begleitende Einzelinformation für hiesige Gemeindemitglieder und Bundesbürger in ihrer Bedeutung und Tragweite einsichtig wird.«[374]

Wegen der geplanten Finanzierung der Mandela-Aktion durch Spenden und Zuwendungen der kirchlichen Organisationen war es rechtlich notwendig, dass sich die Aktionsgruppe als eingetragener Verein konstituierte. Daher wurde am 29. Juni 1973 die Satzung für die Aktionsgruppe «Freiheit für Nelson Mandela (Südafrika)!« e. V. beschlossen, in der es hieß:

371 Vgl.: Finanzierungsübersicht für die Aktion »Freiheit für Nelson Mandela« vom 09.06.1973. Afas: MAKSA 2.

372 Schreiben »Aktion Freiheit für Nelson Mandela«, unterzeichnet von M. Braun (MAKSA); W. Geller (Gossener Mission); H. Gutmann (Amnesty International Südafrika Koordinationsgruppe). Afas MAKSA. 2.

373 Vgl.: Brief von Karl Schmidt an Dr. Sojollemn, Weltrat der Kirchen vom 18.02.1987. Afas: MAKSA 2.

374 Brief von Karl Schmidt an den Herrn Landesbischof Dr. H. Class vom 12.2.1973, S.3. Afas: MAKSA 2.

»Die Aktionsgruppe, deren Gründer hauptsächlich kirchliche Mitarbeiter sind, die mehrere Jahre in Südafrika und Namibia (früher Südwestafrika) tätig waren, möchte zu einer möglichst friedlichen Lösung der dortigen Rassenspannungen beitragen. Zu diesem Zweck setzt sie sich dafür ein, daß auch die schwarzen Südafrikaner gleiche Rechte und die Möglichkeit zu freier politischer Betätigung erhalten, daß das Verbot schwarzer politischer Organisationen aufgehoben und deren jetzt noch verhaftete und gebannte Führer als Verhandlungspartner akzeptiert werden. NELSON MANDELA, der 1964 zu lebenslangem Gefängnis verurteilt wurde, ist einer der fähigsten schwarzen Politiker Südafrikas. [...] die Aktionsgruppe [will] auf Grund ihrer gründlichen Kenntnis der Verhältnisse im südlichen Afrika Informationsarbeit in der Bundesrepublik leisten.«[375]

In der Satzung wurde somit erneut die Nähe der Aktionsgruppe zur Evangelischen Kirche hervorgehoben. Auch in einem Brief an Landesbischof Dr. Class vom 12. Februar 1973 betont Schmidt, dass »der geistliche Hintergrund dieser Aktion, die vom christlichen Glauben nicht zu trennen [...] ist, sicher«[376] sei und »Mandela als Anglikaner und die Vorster-Regierung als Mitglieder der Holländisch-Reformierten Kirche schon Christen sein wollen«.[377] In der Finanzierungsübersicht für die Aktionsgruppe heißt es, angesichts der drohenden Eskalation der Gewalt seien gerade Christen und Kirchen gefragt und aufgrund der vielfältigen Beziehungen zwischen Europa und Südafrika sogar zum Handeln verpflichtet.[378] An anderer Stelle wird die Apartheid als eine »Schande und Blamage der Christenheit und von christlichen Parteien«[379] bezeichnet. Obwohl es sich hierbei zum Teil um eine Bitte um Unterstützung handelte und Schmidt daher möglicherweise den christlichen Charakter der Aktion übertrieben hat, kann, gerade im Zusammenhang mit der Thematisierung auf Kirchentagen und in politischen Nachtgebeten sowie dem ersten Satz der Vereinssatzung, der zunächst keinen Verweis darauf enthält, dass die Mitarbeit auch für nichtchristliche Personen offen ist, davon ausgegangen werden, dass die Themen Mandela und Apartheid durchaus in einem christlich-kirchlichen Rahmen gedeutet wurden.

Die personelle Zusammensetzung der Aktionsgruppe hat sich in

375 Schmidt, Karl: Zum Umdenken bereit, S. 105–106.

376 Brief von Karl Schmidt an den Herrn Landesbischof Dr. H. Class vom 12.2.1973, S. 3. Afas MAKSA 2.

377 Ebd.

378 Vgl.: Finanzierungsübersicht für die Aktion »Freiheit für Mandela!«, S. 1. Afas: MAKSA 2.

379 Brief von Karl Schmidt und Walburga Fischer an Bundeskanzler Dr. Helmut Kohl vom 19. August 1985, S. 1. Afas: AAB. 87.

den 17 Jahren ihres Bestehens kaum verändert. Sie blieb ein kleiner, kirchennaher Kreis, dessen Vorsitz Karl Schmidt die gesamte Zeit über innehatte. Aufgrund der geringen Mitgliederzahl kam es im Jahr 1984 fast zur Auflösung des Vereins bzw. zur Übernahme durch die AAB.[380] Im vorangegangenen Jahr hatte die Gruppe kaum eigene Aktionen organisiert und sich überwiegend denen anderer Gruppen angeschlossen. Diese beschäftigten sich jedoch hauptsächlich mit Namibia und dem Konflikt in Angola. Auch die Nachfrage nach Material zu Mandela war schon seit mehreren Jahren außerhalb der Kirchentage »sehr mäßig«[381]. Einzig das Material zu dem für den Kirchentag 1981 vorbereiteten und dort abgehaltenen Südafrika-Gottesdienst »Er schafft den Unterdrückten Recht« wurde von mehreren Gemeinden nachgefragt.[382] In seinem Tätigkeitsbericht vom 14. April 1984 berichtete Schmidt, dass »wegen mangelnder zeitlicher und personeller Möglichkeiten keine besonderen Aktivitäten möglich«[383] gewesen seien. Im Abschnitt über die Zukunftsperspektiven schrieb er: Die »Übernahme der Mandela-Aktion durch eine andere Gruppe [...] sollte bei der AAB-MV Ende April 1984 in Bonn besprochen und geklärt werden«.[384] Bei der folgenden Mitgliederversammlung wurde jedoch beschlossen, dass die Aktionsgruppe »in der seitherigen Weise weiterbestehen«[385] sollte. Die Aktionen der AAB wurden als »gute Ergänzungen«[386] angesehen.

Nach Mandelas Freilassung, am 11. Februar 1990, löste sich die Aktionsgruppe am 28. April 1990 in die weiter bestehende AAB hinein auf. Dies wurde damit begründet, dass die Apartheid nach wie vor weiterbestehe. Als Teil der AAB wollte man bis zu ihrer endgültigen Überwindung weiterkämpfen.[387] Außerdem entspräche die Auflösung in die AAB hinein der Geschichte der Aktionsgruppe, die aus dem

380 Tätigkeitsbericht für die Mandela-MV am 14. April. 1984 in Stuttgart, gez. Karl Schmidt. Afas: AAB 87.

381 Tätigkeitsbericht für die Mandela-MV am 20. März 1982 in Stuttgart, gez. Karl Schmidt. Afas: AAB 87.

382 Vgl.: Protokoll der Mitgliederversammlung am 20. März 1982 in Stuttgart. Afas: AAB. 87.

383 Tätigkeitsbericht für die Mandela MV am 14. April 1984 in Stuttgart gez. Karl Schmidt, S. 1. Afas: AAB. 87.

384 Ebd., S. 2.

385 Protokoll der Mitgliederversammlung am 14. April 1984 in Stuttgart. Afas: AAB. 87.

386 Ebd.

387 Vgl.: Protokoll der Mitgliederversammlung am 28. April 1990 in Stuttgart. Afas: AAB. ORG. 58.

MAKSA heraus entstanden war und gemeinsam mit ihm zu den Gründungstagungen der AAB eingeladen hatte.[388]

Abschließend lässt sich sagen, dass die Aktionsgruppe ein kleiner Kreis kirchennaher Personen war, die über Nelson Mandela das Problem der Apartheid in die deutsche Öffentlichkeit tragen wollten.

Auch die am 21. April 1974 auf Initiative des MAKSA und der Mandela-Aktionsgruppe auf einer Tagung im niedersächsischen Othfresen gegründete AAB setzte sich durchgehend für die Freilassung von Nelson Mandela ein. Zu dieser Tagung waren ca. 70 Personen aus 30 Gruppen angereist. Etwa zwölf davon kamen aus dem kirchlichen Bereich, 15 waren sogenannte Basis- und Aktionsgruppen oder dienten als Informationsstellen.[389] Alle hatten ihren Schwerpunkt in der Südafrika-Arbeit. Ebenfalls anwesend waren die Evangelischen Akademien Bad Boll und Berlin, der DGB, die SPD Niedersachsen, ein JUSO-Vertreter aus Hannover, der Westdeutsche Rundfunk sowie Vertreter des ANC, der SWANU, des PAC, der SASUG und der britischen und niederländischen Anti-Apartheid-Bewegungen.[390] In die erste Mitgliederliste trugen sich insgesamt 53 Personen ein, von denen neun aus den Befreiungsbewegungen kamen. Den Posten des ersten Vorsitzenden übernahm Markus Braun, der auch schon den Vorsitz des MAKSA innehatte. Zweiter Vorsitzender wurde Gavin Jantjes, ein schwarzer Südafrikaner, der allerdings bereits vor der ersten ordentlichen Mitgliederversammlung im November 1974 aufgrund von Meinungsverschiedenheiten mit den anderen Vorstandsmitgliedern von seinem Amt zurücktrat.[391] Von den anderen drei Vorstandsmitgliedern kam ein weiterer aus dem MAKSA, während die anderen beiden lokalen Basisgruppen angehörten.[392]

Von konservativen Gruppen wurde der AAB von Anfang an vorgeworfen, sie laufe Gefahr, sich von linken Gruppen instrumentalisieren zu lassen.[393] Außerdem galt die AAB »als relativ offensive, um nicht zu sagen aggressive Organisation«[394], was nicht zuletzt an den teilweise

388 Vgl.: Jahresbericht für die Mandela-MV am 28. April 1990 Stuttgart. Afas: AAB. ORG. 58.

389 Vgl.: Bacia; Leidig: »Kauft keine Früchte aus Südafrika!«, S. 27–29.

390 Vgl.: Ebd., S. 29.

391 Vgl.: Ebd., S. 34.

392 Vgl.: Ebd., S. 31.

393 Vgl.: Ebd., S. 41.

394 Dr. Winfried Baßmann in einem Interview mit der Autorin am 21.05.2013.

fraglichen Methoden der Informationsbeschaffung lag. So hatte Wolf Geißler, damals im AAB-Vorstand, angeblich während des Umzugs der südafrikanischen Botschaft mehrere Kartons mit Material, unter anderem zur militärisch-nuklearen Zusammenarbeit mit der Bundesrepublik, entwendet.[395] Doch auch politisch verlor die AAB gerade wegen ihrer Forderung nach Sanktionen an Unterstützung. So berichtete Martina Metzger, die ab 1983 in der AAB-Geschäftsstelle zunächst als Praktikantin, später als studentische Hilfskraft tätig war: »[M]an war ja Parias, selbst die Gewerkschaften haben nicht mit uns geredet. [...] Sanktionen wollte man hier definitiv nicht. Die konservativen Parteien wollten das nicht, die SPD wollte das lange nicht und die Gewerkschaften wollten das eben auch nicht.«[396]

Trotz der zahlreichen unterschiedlichen Gruppen, die an der Gründung der AAB beteiligt waren, wurde sie nie eine »Massenorganisation«. Nur in der Zeit von Juli 1988 bis 1993 hatte sie über 1 000 Mitglieder. Der Höchststand von 1 186 wurde im Jahr 1989 erreicht. Das größte Wachstum fand in den Jahren 1985 bis 1988 statt, als sich die Mitgliederzahl fast verdoppelte.[397] Das Verhältnis zwischen Männern und Frauen war relativ ausgeglichen.[398] In den Jahren 1986/87 und 1988/89 wurden Erhebungen zur sozialen Zusammensetzung der AAB durchgeführt, an denen sich mehr als die Hälfte der Mitglieder, insgesamt 601 Personen, beteiligten.[399] Dabei fällt auf, dass Schüler, Studenten, Azubis und Zivildienstleistende mit zusammen 58,57 % den größten Teil der Mitglieder stellten, wobei die Studenten mit 39,43 % die größte Einzelgruppe waren. Weitere größere Gruppen waren die der Lehrer und die der Pfarrer mit 10,32 % und 7,32 %. Den kleinsten Anteil machten die Arbeiter mit 0,67 % aus.[400] Es lässt sich also erkennen, dass es sich bei den Mitgliedern der AAB überwiegend um junge Menschen mit hohem Bildungsniveau und Akademiker handelte. Natürlich kann bei einer Beteiligung an der Erhebung von nur knapp über 50 % keine absolute Aussage gemacht werden – die Tendenz ist jedoch sicherlich erkennbar.

Diejenigen Mitglieder, die gleichzeitig in parteipolitischen Gruppierungen aktiv waren, gehörten zumeist dem linken Spektrum an: DKP,

395 Bacia; Leidig: »Kauft keine Früchte aus Südafrika!«, S. 62–63.
396 Prof. Dr. Martina Metzger in einem Interview mit der Autorin am 19.06.2013.
397 Vgl.: Bacia; Leidig: »Kauft keine Früchte aus Südafrika!«, S.294.
398 Vgl.: Ebd., S.295.
399 Vgl.: Ebd.
400 Vgl.: Ebd.

SHB, JUSOS, Jungdemokraten, SPD und Grüne Listen.[401] Bei einer Befragung auf einer Mitgliederversammlung waren jedoch zwei Drittel der Anwesenden nicht parteipolitisch engagiert.[402] Die AAB war aber politisch tendenziell in das linke Spektrum einzuordnen.

Nach der Gründung der AAB erarbeitete der Vorstand eine Liste mit acht Themen, die in der Zukunft intensiv bearbeitet werden sollten. Einer dieser Punkte war »Nelson Mandela und die politischen Gefangenen in Südafrika«.[403] Die anderen bezogen sich meist auf »die Kritik an der politischen, wirtschaftlichen, militärischen und kulturellen Zusammenarbeit zwischen der Bundesrepublik Deutschland und dem Rassistenregime in Südafrika«.[404] Wenn auch der Schwerpunkt der AAB-Arbeit in den nächsten Jahren auf der wirtschaftlichen[405] und militärisch-nuklearen[406] Zusammenarbeit sowie dem Kulturabkommen[407] mit Südafrika lag, so gab es auf den Mitgliederversammlungen auch regelmäßig Arbeitsgruppen, die sich mit dem Thema der politischen Gefangenen in Südafrika beschäftigten. Gerade auf der Mitgliederversammlung 1975 stand dabei die Mobilisierung der Öffentlichkeit im Vordergrund.[408] In den Protokollen findet sich immer wieder, dass es Aktionen für die Freilassung der politischen Gefangenen gab. Allerdings wurde erst auf der Sitzung Mitte 1982 beschlossen, hierfür eine eigene Arbeitsgruppe einzurichten, um die Aufgaben besser koordinieren und die Informationen schneller verbreiten zu können,[409] genau zu der Zeit, als die Mandela-Aktionsgruppe kaum eigene Aktionen organisierte. Nachdem innerhalb der AAB aus personellen Gründen die Mandela-Arbeit eine Zeitlang vernachlässigt worden war, versuchte Martina Metzger ab Dezember 1983, eine neue Initiative zu starten. Zusammen mit Ingeborg Wick, der damaligen Geschäftsführerin der AAB, entwickelte sie ein Informationspapier, das an verschiedene andere Gruppen versandt wurde.[410] Diese konnten dann auf vorbereitetes Material zurückgreifen oder Referenten

401 Vgl.: Bacia; Leidig: »Kauft keine Früchte aus Südafrika!«, S. 296.
402 Vgl.: Ebd.
403 Ebd., S. 33.
404 Ebd., S. 11–12.
405 Vgl.: Ebd., S. 111.
406 Vgl.: Ebd., S. 56.
407 Vgl.: Ebd., S. 22.
408 Vgl.: Ebd., S. 34.
409 Vgl.: Weinbrenner, Dietrich: Mitgliederversammlung der Anti-Apartheid-Bewegung, *in:* informationsdienst südliches afrika 7/8, 1982, S. 29.
410 Prof. Dr. Martina Metzger in einem Interview mit der Autorin am 19.06.2013.

für Vorträge und Diskussionsveranstaltungen in der Geschäftsstelle anfordern. Die neue Mandela-Kampagne sollte insbesondere der Mobilisierung dienen, da die Suche nach Verbündeten vor allem in der Politik, wie bereits erwähnt, für die AAB schwierig war. Da Mandela als Sohn eines Häuptlings, gläubiger Christ und Mitglied der schwarzen Bildungselite als eher konservativer Mensch gelten konnte, stellte er eine sehr gute Identifikationsfigur dar.[411] »Wer sich mit ihm und den Hintergründen beschäftigt hatte, der konnte eigentlich nicht gegen ihn sein.«[412] Über Mandela wurde somit versucht, selbst diejenigen zu mobilisieren, die nicht in allen Punkten mit der AAB übereinstimmten. Auch in dem bereits erwähnten Informationsblatt wurde, nachdem auf drei DIN-A4-Seiten Mandela, sein Hintergrund und seine Bedeutung als Symbolfigur dargestellt und einige Tipps zu Aktionen, die die Kampagne unterstützen könnten, vorgestellt worden waren, noch einmal auf die finanzielle und politische Unterstützung des Apartheidregimes durch die Bundesrepublik hingewiesen. Das Blatt endete mit der Aufforderung: »Es ist unsere Aufgabe, auf die Kündigung jeglicher Unterstützung des Rassistenregimes durch die Bundesregierung und bundesdeutsche Unternehmen hinzuwirken und gegen die Unrechtspolitik Südafrikas zu protestieren.«[413] Dadurch wird deutlich, dass es auch bei der Mandela-Kampagne der AAB um mehr ging als nur um die Freilassung Mandelas, dieser aber als Einstieg in das Thema genutzt werden sollte. Für die AAB stand Mandela nicht für sich selbst, sondern für »ein freies, demokratisches Südafrika auf der Grundlage der Freedom Charta«.[414]

Auch persönlich war Metzger von Mandela fasziniert. Besonders beeindruckte sie, »dass dieses Leben, das er führte, auch lebenswert war für ihn«[415], obwohl er schon länger im Gefängnis saß, als sie selbst zu diesem Zeitpunkt Jahre alt war.

Zusammenfassend lässt sich über die Mandela-Initiative der AAB sagen, dass auch hier Mandela als Mittel genutzt wurde, um eine möglichst große Gruppe von Menschen an das Thema der Apartheid in Südafrika heranzuführen.

411 Vgl.: Prof. Dr. Martina Metzger in einem Interview mit der Autorin am 19.06.2013.
412 Ebd.
413 Freiheit für Nelson Mandela! ViSdP Martina Metzger, S. 3. Afas: AAB 142.
414 Brief von Martina Metzger (AAB) an AKAFRIK vom 04.12.1984, S. 1. Afas: AAB 87.
415 Prof. Dr. Martine Metzger in einem Interview mit der Autorin am 19.06.2013.

Im kirchlichen Kreis gab es viele weitere Initiativen, die sich mit dem Thema der Apartheid auseinandersetzten. Es lässt sich jedoch nicht erkennen, dass sich weitere Gruppen explizit mit der Freilassung Mandelas beschäftigt haben, obwohl viele von ihnen einzelne Mandela-Aktionen, wie zum Beispiel Demonstrationen, unterstützten und Material verteilten.[416] Gerade innerhalb der Kirchengemeinden gab es einige, die Mandela beispielsweise in Mandela-Gottesdiensten oder politischen Nachtgebeten thematisierten.

Eine weitere wichtige Organisation, die sich für das Ende der Apartheid in Südafrika und für die Freilassung von Nelson Mandela eingesetzt hat, war die im Mai 1961 von dem britischen Rechtsanwalt Peter Benenson ins Leben gerufene Gefangenen-Hilfsorganisation Amnesty International. Nur zwei Monate später, am 28. Juli 1961, wurde, vor allem unter der Leitung der Journalisten Gerd Ruge, Sabine Brand und Carola Stern, die Sektion für die Bundesrepublik gegründet.[417] Die deutsche Sektion von Amnesty International war eine der größten nationalen Gruppen und lange Zeit sogar die größte überhaupt.[418] 1976 hatte sie bereits ca. 6000 Mitglieder, die sich in 520 lokalen Gruppen organisierten.[419] Amnesty International war stets um eine neutrale Position bemüht. Zum einen sollten nicht aufgrund bestimmter politischer Überzeugungen die Gefangenen zum Beispiel der Sowjetunion vergessen werden, zum anderen wollte man sich den Weg der Verhandlungen mit allen Regierungen offenhalten. »Eine Organisation, deren erklärtes Ziel der Sturz der Regierung ist, wird nicht empfangen.«[420] Amnesty International konzentrierte sich ganz auf die sogenannten Gewissensgefangenen und bat ihre Mitglieder, »politische Aktivitäten anderswo

416 Vgl.: Evangelisches Missionswerk im Bereich der Bundesrepublik Deutschland und Berlin West e. V. (Hg.): Südafrika. Gruppen und Aktionen, Hamburg 1986.

417 Vgl.: Steenkamp, Daniela: Zur Entwicklung von Amnesty International (ai) in der BundesrepublikDeutschland, Marburg 2007, S. 22. Zur Geschichte von Amnesty International siehe außerdem:Jong, Wilco de; McGonigle Leyh, Brianne; Mihv, Anja; Troost, Lars van (Hg.): 50 Years of Amnesty International-Reflections and Perspectives, Utrecht 2011.

418 Vgl.: Gz: »Jahr der politischen Gefangenen«, *in:* FAZ, 08.06.1976, S. 4.

419 Vgl.: O. V.: »Jahr der politischen Gefangenen«. Kongreß der deutschen Sektion von Amnesty International, *in:* FAZ, 08.06.1976, S. 4.

420 Kühnert, Hanno: Die Kerze mit dem Stacheldraht. Wie »Amnesty International« versucht, politische Häftlinge aus den Gefängnissen zu holen, *in:* FAZ, 02.09.1972, S. BuZ 4.

zu entfalten«.[421] Als Vorbild galt dabei das Rote Kreuz, »das von allen Regierungen respektiert wird«.[422] Mit dieser Strategie war Amnesty International sehr erfolgreich und erhielt bei vielen internationalen Organisationen bzw. ihren Unterorganisationen einen Beraterstatus.[423]

Obwohl Amnesty International von Anfang an eine »internationale [...] Organisation zur Betreuung politischer Gefangener«[424] war, wurde Nelson Mandela nicht immer von ihr adoptiert.[425] Zwar wurde er nach seiner Verhaftung am 5. August 1962 von Amnesty International aufgenommen, jedoch, nachdem er 1964 in seiner Verteidigungsrede im Rivonia-Prozess seine Haltung zur Gewaltanwendung und seine Beteiligung an der Herausbildung des MK dargelegt hatte, nicht weiter vertreten.[426] Seine Haltung zur Gewalt entsprach nicht den Grundsätzen von Amnesty International, in denen es heißt:

> Ein »Prisoner of Conscience« sei »any person who is physically restrained (by imprisonment or otherwise) from expressing (in any form of words or symbols) an opinion which he honestly holds and which does not advocate or condone personal violence«[427].

Auf einem Kongress in Canterbury wurde 1964 beschlossen, auch für Nelson Mandela keine Ausnahme von dieser Regel zu machen.[428] Diese Entscheidung war für Amnesty International von solcher Bedeutung, dass sie in einer kurzen Abhandlung zur Geschichte der Organisation anlässlich ihres 15-jährigen Bestehens im Jahr 1976 ausdrücklich erwähnt wird.[429] Das Thema der Gewaltanwendung

[421] Kühnert, Hanno: Die Kerze mit dem Stacheldraht.

[422] Ebd.

[423] UN (seit August 1964), Europarat (seit Januar 1965), UNESCO (seit Januar 1969), OAU (seit Januar 1972), OAS (seit Oktober 1972). Vergleiche dazu die entsprechenden Jahresberichte *in:* Geschichtliche Entwicklung von Amnesty International. Kritiken aus aller Welt, Hamburg 1976.

[424] O.V.: »Jahr der politischen Gefangenen«, Kongreß der deutschen Sektion von Amnesty International, *in:* FAZ, 08.06.1976, S. 4.

[425] Bei Amnesty International wird die Betreuung eines Gefangenen Adoption genannt.

[426] Vgl.: Winston, Morton: Amnesty and Mandela, online: http://www.africa.upenn.edu/Govern_Political/mand_amn.html (letzter Zugriff: 04.07.2013).

[427] Benenson, Peter: The Forgotten Prisoners. The 1961 Observer article which launched Amnesty, *in:* The Observer, 27.05.2001.

[428] Vgl.: Winston, Morton: Amnesty and Mandela.

[429] Vgl.: O.V.: Geschichtliche Entwicklung von Amnesty International – Kritiken aus aller Welt, Hamburg 1976, S. 7.

wurde in den folgenden Jahren intern ausgiebig diskutiert.[430] Obwohl der Internationale Rat[431] 1974 das Borderline Committee[432] bat, die Entscheidung erneut zu überdenken,[433] wurde Mandela nie wieder adoptiert. Dennoch arbeitete Amnesty International bereits im Jahr 1973 sowohl mit dem MAKSA als auch mit der Aktionsgruppe »Freiheit für Nelson Mandela« eng zusammen, wie aus Briefen von Karl Schmidt und Markus Braun hervorgeht.[434] Amnesty bat jedoch darum, »nicht [...] allein nur die Forderung auf Freilassung von Nelson Mandela heraus[zu]stellen, [sondern, M.M.,] daß man bei den [...] geplanten Aktionen allgemein die Zustände in Südafrika herausstellt und auf die politische Gefangenschaft dort hinweist und die Forderung auf Freilassung aller politischer Gefangener [sic!] ausdehnt«.[435]

Das Hauptziel der Amnesty-Kampagnen war die Schaffung einer breiten Öffentlichkeit gegen die Menschenrechtsverletzungen in Südafrika und gegen die große Unterstützung des Regimes durch die Bundesrepublik und bundesdeutsche Konzerne. Ein besonderes Interesse galt dabei den Waffenlieferungen.[436] Bei Amnesty International war man davon überzeugt, dass für die »Menschenrechtsarbeit die Herstellung von Öffentlichkeit die schärfste Waffe sein«[437] könnte. Schon Benenson schrieb in seinem Artikel im Observer: »The newspaper reader feels a sickening sense of impotence. Yet if these feelings of disgust all over the world could be united into common action, something effective could be done.«[438]

[430] Dr. Winfried Baßmann in einem Interview mit der Autorin am 21.05.2013; Kühnert: Die Kerze mit dem Stacheldraht.; Lehman, Sigi: Kurzbericht der Gewaltkommission, *in:* Amnesty International informationen 3/75, S. 13; O.V.: Papier zur Frage der Gewalt und Gewaltfreiheit, *in:* Amnesty International informationen 6/76; Eberspächer, Bernhard u.a.: Zur Gewaltfrage, *in:* Amnesty International informationen 9/76, S. 21–22.

[431] Oberstes Gremium von Amnesty International auf internationaler Ebene.

[432] Eine 1968 gegründete internationale Gruppe von ehrenamtlichen Mitgliedern, die im Zweifelsfall über die Adoption eines Gefangenen entscheidet (heute: Mandate Committee).

[433] Vgl.: Amnesty International Informationen 10/74, S. 7.

[434] Vgl.: Brief von Karl Schmidt an Markus Braun, vom 13. Februar 1973. Afas: MAKSA 2. Und Brief von Markus Braun an OKR Schröder vom 23. April 1973, Afas: MAKSA 2.

[435] Brief von Amnesty International an Markus Braun vom 20.06.1973. Afas: MAKSA 2.

[436] Dr. Winfried Baßmann in einem Interview mit der Autorin am 21.05.2013.

[437] Ebd.

[438] Benenson, Peter: The Forgotten Prisoners.

Eine der Kernforderungen von Amnesty International war: keine Wirtschaftsbeziehungen zum Apartheidstaat! Andererseits sollten gerade diese als Druckmittel für die Freilassung der politischen Gefangenen genutzt werden.[439] Nelson Mandela fungierte dabei vor allem als »Katalysator«[440] für die Mobilisierung der Öffentlichkeit, da er die »herausragende Gestalt des politischen Widerstands in Südafrika war, [und] eine Symbolfigur [...] für den Einsatz gegen Rassismus, gegen Apartheid, für Menschenrechte«[441].

Bei Amnesty International engagierten sich vor allem Akademiker.[442] Das Verhältnis von Männern und Frauen sowie von Jung und Alt war dabei ausgeglichen, wobei sich gerade in den Jahren nach 1968 eine große Zahl von Studenten Amnesty International anschloss.[443] Auch viele Menschen, die vor dem Apartheidregime geflohen waren, engagierten sich bei den Amnesty-Aktionen zu Südafrika und Nelson Mandela.[444]

Insgesamt lässt sich über die Mandela-Arbeit von Amnesty International also sagen, dass sie Mandela wegen seiner Position zur Gewalt nicht offiziell vertreten konnten, sich aber dennoch an der Kampagne zu seiner Freilassung beteiligten, da von einem Großteil der Mitglieder auch seine Inhaftierung als ungerecht empfunden wurde. Dies zeigte sich vor allem daran, dass immer wieder darüber diskutiert wurde, ob er nicht doch aufgenommen werden sollte. Außerdem wurde Mandelas Popularität genutzt, um die Menschenrechtsverletzungen in Südafrika öffentlich und auch andere politische Gefangene bekannt zu machen. Die Mitgliederzusammensetzung bei Amnesty war zwar in Bezug auf Alter und Geschlecht sehr gemischt, die meisten Mitglieder stammten jedoch aus den höheren sozialen Schichten.

Wie schon bei der AAB und Amnesty International deutlich wurde, waren zahlreiche Studenten in der Bewegung aktiv. Daher ist es nicht verwunderlich, dass auch an den Universitäten selbst einige Aktionen zu Nelson Mandela stattfanden. So kann für die Gesamthochschule Essen eine durch den AStA organisierte Unterschriftenkampagne für

439 Dr. Winfried Baßmann in einem Interview mit der Autorin am 21.05.2013.

440 Ebd.

441 Ebd.

442 Vgl.: Ebd.

443 Vgl.: Ebd. und O. V.: Die Kerze mit dem Stacheldraht.

444 Dr. Winfried Baßmann in einem Interview mit der Autorin am 21.05.2013.

das Jahr 1986 belegt werden.[445] Außerdem existierten bereits 1973 Pläne für die Hochschulen in Düsseldorf, eine Mandela-Aktion zu starten.[446] Auch an der Universität Münster gab es Proteste, die sich gegen die Vergabe einer Gastprofessur an einen Professor aus Pretoria richteten und die Freilassung von Nelson Mandela forderten.[447] Es ist davon auszugehen, dass es auch an anderen Hochschulen zu ähnlichen Aktionen kam. Aufgrund der schlechten Quellenlage ist dies jedoch nicht nachzuweisen. Innerhalb der Studentenschaft erstreckte sich das Engagement gegen die Apartheid auf das gesamte linke politische Spektrum von eher gemäßigten bis hin zu den radikalen Gruppen und führte zu einer breiten Koalition innerhalb der verschiedenen Organisationen: von den K-Gruppen über die SDAJ und den MSB bis hin zur KSJ, der Katholischen Studierenden Jugend.[448]

Neben Gruppen, die sich explizit für die Freilassung Nelson Mandelas und politischer Gefangener einsetzten, gab es eine Vielzahl kleinerer Gruppierungen, die sich für die Dritte Welt im Allgemeinen oder das Ende der Apartheid in Südafrika im Speziellen engagierten. Viele von ihnen beteiligten sich ebenfalls an Aktionen zur Freilassung von Nelson Mandela. Zu nennen sind hier u.a. das AKAFRIK (Aktionskomitee Afrika Bielefeld), das ASK (Antiimperialistisches Solidaritätskomitee) und der BUKO (Bundeskongress entwicklungspolitischer Aktionsgruppen). Die meisten von ihnen sind jedoch sehr schwer zu fassen, da es sich oft um kleine, lokal agierende Gruppen handelte, deren Material nur sehr vereinzelt in Archiven gesammelt wird. Diejenigen, die nicht dem kirchlichen Umfeld entstammten, hatten meist ihren Schwerpunkt in der sogenannten Dritte-Welt-Arbeit. Auch Einzelpersonen engagierten sich, indem sie zum Beispiel an ihre Parlamentsabgeordneten, Bischöfe oder sonstige Personen des öffentlichen Lebens schrieben[449] oder sich an den Aktionen der Gruppen beteiligten, ohne je selbst einer solchen beizutreten.

445 Vgl.: Brief der AAB an den AStA der Universität Essen, vom 15.9.86. Afas: AAB. 143. Teil 1.

446 Vgl.: Brief von Michael Vesper an die Aktion »Freiheit für Nelson Mandela« vom 13.06.1973. Afas: MAKSA 2.

447 Vgl.: Flugblatt des AStA der Universität Münster, des Fachschaftsrates Germanistik und der Ausländischen Studentenvertretung. Afas: AAB 87.

448 Dr. Michael Vesper in einem Interview mit der Autorin am 13.06.2013.

449 Vgl.: Brief von Martin Held an Frau Bethina Krieg vom 6. August 1981. Afas: AAB 298 SA. Justiz.

Politische Parteien

Nelson Mandela und die Apartheid in Südafrika waren nicht nur Thema in außerparlamentarischen Gruppen, sondern auch innerhalb der politischen Parteien. Bereits im Dezember 1973 überreichte die SPD-Abgeordnete Lenelotte von Bothmer dem südafrikanischen Botschafter eine Petition zur Freilassung Mandelas, die von 50 Bundestagsabgeordneten unterschrieben worden war.[450] Im Bundestag selbst wurde hingegen erst ab 1984, dann jedoch wiederholt, die Forderung nach seiner Freilassung diskutiert. Dabei waren vor allem die SPD und später Die Grünen aktiv. Die übrigen im Bundestag vertretenen Parteien äußerten sich zwar auf Nachfrage ebenfalls positiv zu der Forderung nach Freilassung Mandelas, ergriffen jedoch selbst selten die Initiative.

Die SPD fing im Laufe der 1970er-Jahre an, sich intensiver mit Südafrika zu beschäftigen. Im April 1976 sagte der Bundesminister für wirtschaftliche Zusammenarbeit Egon Bahr auf der sozialdemokratischen Fachkonferenz zur internationalen Politik, dass die »Sozialdemokraten [...] bei der Durchsetzung der Herrschaft der Mehrheit in Zimbabwe, Namibia und Südafrika auf der Seite der Mehrheit«[451] stünden. Er lehnte jedoch jede direkte Intervention von außen ab.[452] Allerdings wurde schon ein Jahr später auf dem entwicklungspolitischen Forum der SPD gefordert, die Befreiungsbewegungen zu unterstützen.[453] Auf ihrem Parteitag in Hamburg, im November 1977, beschloss die SPD, sich für die »moralische, politische und wirtschaftliche Unterstützung«[454] der Befreiungsbewegungen einzusetzen und aktiv für die »friedliche Herstellung einer Herrschaft der Mehrheit«[455] einzutreten. Etwaige Waffenlieferungen an die Befreiungsbewegungen wurden dabei abgelehnt.[456] Außerdem wurde

450 Vgl.: O.V.: Aktion »Freiheit für Nelson Mandela«, *in:* informationsdienst südliches afrika, 1/1974.

451 Holtz, Uwe: Sozialdemokratische Perspektiven zum südlichen Afrika, *in:* Baßmann, Winfried (Hg.): Menschenrechte in Südafrika. Perspektiven von Widerstand und Unterdrückung, München 1978, S. 140–149, hier: S. 142.

452 Vgl.: Ebd.

453 Vgl.: Ebd.

454 Vorstand der SPD: Parteitag Hamburg 15.–19. November 1977, Frieden. Beschlüsse zur Außen-, Friedens- und Sicherheitspolitik Europapolitik Nord-Süd-Politik, Lübeck 1977, S. 76.

455 Ebd.

456 Vgl.: Ebd.

die Bundesregierung aufgefordert, die von der UNO und der OAU anerkannten Befreiungsbewegungen ebenfalls als Repräsentanten anzuerkennen, das Kulturabkommen zu überarbeiten, Waffenlieferungen, wenn möglich, zu unterbinden und keinerlei Garantien für Geschäfte mit Südafrika mehr zu übernehmen.[457] Weiterhin forderte die SPD erstmals die Freilassung der politischen Gefangenen.[458]

Allzu kritische Anfragen im Bundestag, die Position der Bundesregierung gegenüber Südafrika und die deutschen Wirtschaftsbeziehungen dorthin betreffend, wurden allerdings noch in der zweiten Hälfte der 1970er-Jahre von der Fraktionsführung unterdrückt, da die SPD selbst bis 1982 an der Regierung beteiligt war.[459] Einzelne Mitglieder der SPD-Bundestagsfraktion setzten sich jedoch bereits zu dieser Zeit selbstständig für die Freilassung politischer Gefangener ein. So engagierte sich beispielsweise Lenelotte von Bothmer durch ein Protestschreiben an den südafrikanischen Botschafter[460] und die Teilnahme an einer Tagung zum Thema »Politische Gefangene in Südafrika«.[461] Etwa zur selben Zeit wurde von der SPD-Bundestagsfraktion eine Arbeitsgruppe »Südliches Afrika« gegründet. Diese forderte 1980 Bundeskanzler Helmut Schmidt auf, sich für Nelson Mandela einzusetzen.[462]

In den Bundestag wurden schließlich ab 1985 vonseiten der SPD-Fraktion mehrfach Anträge eingebracht, die die Bundesregierung aufforderten, sich für die Freilassung Mandelas einzusetzen.[463] Günter Verheugen, Mitglied des Auswärtigen Ausschusses, erklärte diese wiederholt zur Grundvoraussetzung für einen Dialog zur Überwindung der

457 Vgl.: Vorstand der SPD: Parteitag Hamburg 15.–19. November 1977, Frieden. Beschlüsse zur Außen-, Friedens- und Sicherheitspolitik Europapolitik Nord-Süd-Politik, Lübeck 1977, S. 76.

458 Vgl.: Ebd.

459 Vgl.: Bothmer, Lenelotte von: Zur Südafrika-Politik der Bundesregierung. Eine Bilanz der letzten Jahre, *in:* Baßmann, Winfried (Hg.): Menschenrechte in Südafrika. Perspektiven von Widerstand und Unterdrückung, München 1978, S. 150–165, hier: S. 155.

460 Vgl.: Schreiben der Bundestagsabgeordneten von Bothmer, Holtz und Binding über das Protestschreiben vom 14.12.1979 an den Botschafter der Republik Südafrika vom 20.12.1979. Afas: AAB 298 SA Justiz.

461 Bericht von einer Tagung »Politische Gefangene in Südafrika« der Ev. Akademie in Bad Boll vom 6.–8.Mai 1977, vom 10. Mai 1977, gez. Karl Schmidt, S. 3. Afas: AAB 298 SA Justiz.

462 Vgl.: Brief von Norbert Gansel (i.A. Elke Dittmar) an Helga Strücker-Coppik betr. ›Freiheit für Nelson Mandela‹ vom 2. Sept. 1980. Afas: AAB 298 SA. Justiz.

463 Vgl.: Der Deutsche Bundestag: Drucksache 10/3994; Drucksache 10/5662; Drucksache 10/6050.

Apartheid.[464] Gleichzeitig trat die SPD mit dieser Forderung international auf, wie die Europaabgeordneten der Partei in einem Brief von Klaus Hänsch an Präsident Botha.[465] Auch auf der 80. Interparlamentarischen Konferenz im September 1988 in Sofia wurde diese Forderung von dem SPD-Abgeordneten Uwe Holtz vertreten.[466] Der SPD-Vorsitzende Willy Brandt versuchte, sich bei einem Besuch in Südafrika im April 1986 mit Nelson Mandela zu treffen, was ihm jedoch untersagt wurde.[467]

Die Anwendung von Gewalt aufseiten der Befreiungsbewegungen konnte die SPD grundsätzlich akzeptieren, solange es sich bei dem Gegner um ein Unrechtsregime handelte, alle anderen Mittel ausgeschöpft und erfolglos waren und Aussicht auf Erfolg bestand. Außerdem sollte die Gewalt »nicht zu sehr viel schädlicheren Auswirkungen führen als der zu bekämpfende Zustand«.[468] Auch die von der SPD vertretene Ansicht, die Befreiungskämpfer könnten nicht als Terroristen bezeichnet werden, da der Terrorismus nichts mit »legitimem Gewaltgebrauch« zu tun habe,[469] zeigt erneut, dass der bewaffnete Kampf als gerechtfertigt betrachtet wurde.

Aufgrund der guten Beziehungen zwischen der Bundesrepublik und Südafrika wurde die SPD aber auch immer wieder von den Befreiungsbewegungen kritisiert, da sie als Regierungspartei den Apartheidstaat unterstützt habe.[470]

Anders als die Mutterpartei forderten die JUSOS in Rheinland-Pfalz bereits im Mai 1973 in ihrer Südafrika-Erklärung die Freilassung Nelson Mandelas und aller politischen Gefangenen.[471] Sie bezogen sich dabei auf den Beschluss des SPD-Parteitages in Hannover, vom April desselben Jahres, in dem es hieß: Die SPD stehe im Kampf gegen Kolonialismus und Rassismus an der Seite »der Völker der Dritten Welt.«[472]

[464] Vgl.: Der Deutsche Bundestag: Plenarprotokoll 10/222, S. 17134; Plenarprotokoll 11/48, S. 3346.

[465] Vgl.: SPD-Presseerklärung 248/87 vom 20. März 1987.

[466] Vgl.: Der Deutsche Bundestag: Drucksache 11/3277, S. 12.

[467] Vgl.: O.V.: »Ausführliches Gespräch« Brandt mit Botha, *in:* FAZ, 22.04.1986, S. 3, und O.V.: Brandt und Botha finden keinen Gefallen aneinander, *in:* FAZ, 23.04.1986, S. 4.

[468] Holtz: Sozialdemokratische Perspektiven zum südlichen Afrika, S. 145.

[469] Vgl.: Ebd.

[470] Vgl.: Ebd., S. 142–143.

[471] Vgl.: Juso Landesvorstand Rheinland-Pfalz: Südafrika-Erklärung, Mainz 28. Mai 1973. Afas: MAKSA 2.

[472] Vgl.: Ebd.

Eine weitere politische Partei, die sich für die Freilassung Nelson Mandelas einsetzte, waren DIE GRÜNEN, die seit 1983 im Bundestag vertreten sind.[473]

Bereits im Juni 1984 brachte die GRÜNEN-Fraktion einen Antrag in den Bundestag ein, der die enge Zusammenarbeit der Bundesregierung mit Südafrika und vor allem die Einladung an Premierminister Botha kritisierte. Er beinhaltete auch die Forderung, die Bundesregierung solle statt mit Botha Gespräche mit »den wahren Vertretern des südafrikanischen Volkes«[474], nämlich Nelson Mandela, führen und sich für dessen sofortige Freilassung einsetzen.[475] In der anschließenden Bundestagsdebatte fand Mandela aber nur noch einmal im Redebeitrag des GRÜNEN-Abgeordneten Walter Schwenninger Erwähnung, in welchem es hieß: Nelson Mandela wäre ein würdigerer Gast gewesen als Botha.[476] Erst ein Jahr später wurde Mandela im Bundestag wieder thematisiert. In der Fragestunde am 19./20. Juni 1985 fragte die GRÜNEN-Abgeordnete Uschi Eid nach den Maßnahmen der Bundesregierung für die Freilassung von Nelson Mandela.[477] Außer einer allgemeinen Versicherung, dass sich die Bundesregierung bei jeder Gelegenheit für die Freilassung aller politischen Gefangenen und besonders für die Mandelas einsetze, wurden in der Antwort keine konkreten Maßnahmen genannt.[478] In einer Kleinen Anfrage wollte Frau Eid im Februar 1986 wissen, warum die Bundesregierung sich mit Inkatha-Chef Buthelezi treffe und ob sie plane, auch »Nelson Mandela als den repräsentativen Vertreter der nichtrassistischen südafrikanischen Bevölkerungsmehrheit einzuladen«[479]. In der Antwort hieß es, die Bundesregierung setze sich für die bedingungslose Freilassung Mandelas ein. Solange er aber nicht frei sei, könne man ihn auch nicht einladen.[480]

[473] Bei den Bundestagswahlen von 1990 traten DIE GRÜNEN in den alten Bundesländern und Bündnis 90, ein Zusammenschluss aus mehreren Bürgerbewegungen, in den neuen Bundesländern an. DIE GRÜNEN scheiterten in den alten Bundesländern an der 5 %-Marke, wohingegen Bündnis 90 in den neuen Bundesländern 6,1 % der Stimmen erhielt und so mit acht Abgeordneten in den Bundestag einzog. Einen Tag nach der Wahl, am 3. Dezember 1990, fusionierten DIE GRÜNEN mit Bündnis 90 zu Bündnis 90/DIE GRÜNEN.

[474] Der Deutsche Bundestag: Drucksache 10/1544.

[475] Vgl.: Ebd.

[476] Vgl.: Der Deutsche Bundestag: Plenarprotokoll 10/73, S. 5255.

[477] Vgl.: Der Deutsche Bundestag: Drucksache 10/3487, S. 3.

[478] Vgl.: Der Deutsche Bundestag: Plenarprotokoll 10/146, S. 10812.

[479] Der Deutsche Bundestag: Drucksache 10/5066.

[480] Vgl.: Der Deutsche Bundestag: Drucksache 10/5268, S. 3.

Nicht nur im Bundestag setzten sich Mitglieder der GRÜNEN für Mandela ein. In der Frankfurter Stadtverordnetenversammlung schlugen GRÜNEN-Abgeordnete zu seinem 70. Geburtstag vor, ihm die Ehrenbürgerschaft der Stadt zu verleihen.[481] 1989 brachten 15 Delegierte um Gottfried Klocke einen Antrag in die bayerische Landesversammlung der GRÜNEN ein, den »Negerkuss« in »Nelson-Mandela-Solidaritäts-Gebäck« umzubenennen. Dieser Vorschlag wurde jedoch aus Zeitgründen nicht beraten.[482]

Während zumeist die Freilassung Nelson Mandelas als Grundvoraussetzung für einen Dialog und Veränderungen in Südafrika genannt wurde, bemerkte Frau Eid im Dezember 1988, dass auch diese allein nichts an der Situation ändern würde, solange gleichzeitig andere, oft jüngere politische Führer ins Gefängnis kämen.[483] Sie war es auch, die nach der Freilassung Mandelas darauf hinwies, dass die Apartheid noch nicht überwunden sei und weiterhin Maßnahmen gegen Südafrika aufrechterhalten werden müssten.[484]

Aus einem Beitrag von Frau Eid in der Fragestunde am 16. Oktober 1986 geht hervor, dass auch DIE GRÜNEN die Gewaltanwendung des ANC als durch die Regierung erzwungene Gegenwehr verstanden.[485]

Auch in der FDP engagierten sich einige Mitglieder für Mandela. So forderte die Bundestagsabgeordnete Hildegard Hamm-Brücher in der Bundestagssitzung vom 13. September 1985 im Namen der FDP die »Freilassung aller politischen Gefangenen – vor allem des so lange inhaftierten und schwerkranken Nelson Mandela«.[486] In einer Parlamentsdebatte im Juni 1986 betonte der FDP-Abgeordnete Helmut Schäfer zudem, er halte es »nach wie vor für skandalös, daß Mandela trotz aller Versprechungen nicht freigelassen worden«[487] sei.

Auch die Frage der Gewalt wurde von der FDP thematisiert. Beispielsweise sagte Schäfer dazu: »[A]uf Gewalt verzichten muß zunächst einmal die südafrikanische Regierung, bevor sie andere aufruft,

481 Vgl.: Güm: »Ehrenbürger Nelson Mandela«, *in:* FAZ, 15.06.1988, S. 40. Die Ehrenbürgerschaft wurde Mandela nicht verliehen.

482 Vgl.: O. V.: Gottfried Klocke, *in:* DER SPIEGEL 30/1989, S. 171.

483 Vgl.: Der Deutsche Bundestag: Plenarprotokoll 11/116, S. 8491.

484 Vgl.: Der Deutsche Bundestag: Plenarprotokoll 11/202, S. 15760, Plenarprotokoll 11/197, S. 15161.

485 Vgl.: Der Deutsche Bundestag: Plenarprotokoll 10/238, S. 18390.

486 Der Deutsche Bundestag: Plenarprotokoll 10/157, S. 11778.

487 Der Deutsche Bundestag: Plenarprotokoll 10/222, S. 17130.

auf Gewalt zu verzichten!«[488] Diese Äußerung steht klar in der Tradition derer, die die Gewaltanwendungen der Befreiungsbewegungen als Gegengewalt einstuften und so zumindest zum Teil legitimierten.

Vonseiten der CDU und der CSU wurde die Frage nach Mandelas Freilassung kaum thematisiert. Allerdings gab es von den CSU-Abgeordneten im Bundestag mehrfach Kritik an der Politik der Bundesregierung, die sich für die Freilassung Mandelas einsetzte. So wollte zum Beispiel der CSU-Abgeordnete Hans Graf Huyn im Oktober 1988 wissen, ob es stimme, dass die Bundesregierung die Veröffentlichung einer Mandela-Biografie in Südafrika unterstützt habe und, falls ja, was man sich davon erhoffe.[489]

Auch in der Frage der Gewaltanwendung waren CSU-Abgeordnete kritischer. So erkannte Graf Huyn im Juni 1986 Mandelas Ablehnung des Gewaltverzichts offenbar als legitimen Grund an, ihn weiter in Haft zu halten.[490] Im Oktober 1986 brachte ein anderer CSU-Abgeordneter, Ortwin Lowack, die Frage ein, ob die Bundesregierung bereit wäre, die Forderung nach Mandelas Freilassung an die Bedingung zu koppeln, dass er sich von jeglicher Gewaltanwendung distanziere.[491]

Von der CDU wurde weder ein Antrag betreffend Nelson Mandela in den Bundestag eingebracht, noch wurde er auf Parteitagen thematisiert. In den Parteitagsprotokollen finden sich auch kaum explizite Besprechungen über die Apartheid oder Ideen, wie man diese aus Deutschland heraus bekämpfen könnte. Zu Beginn der 1970er-Jahre wurde das Engagement junger Leute für Menschenrechte in Portugal, Griechenland, Südafrika und Lateinamerika von der CDU zwar grundsätzlich gutgeheißen, es wurde allerdings gefordert, dieses hinter solchem für Menschenrechte in der DDR zurückzustellen.[492] Erst Ende der 1980er-Jahre wurde auch vonseiten der CDU die Freilassung Mandelas gefordert. So äußerte der CDU-Abgeordnete Werner Schreiber anlässlich der Südafrika-Reise von Franz Josef Strauß gegenüber einer Zeitung: »Wer mit Regierungschef Botha zusammentrifft, muß auch den Mut haben, Nelson Mandela im Gefängnis zu besuchen.«[493] In diesem Zusammen-

488 Der Deutsche Bundestag: Plenarprotokoll 10/222, S. 17130.

489 Vgl.: Der Deutsche Bundestag: Drucksache 11/3122, S. 5.

490 Vgl.: Der Deutsche Bundestag: Plenarprotokoll 10/222, S. 17130.

491 Vgl.: Der Deutsche Bundestag: Plenarprotokoll 10/238, S. 18389.

492 Vgl.: CDU Bundesgeschäftsstelle (Hg.): CDU Bundesparteitag, Mainz 1969, 17./18. November. Niederschrift, Bonn 1969, S. 176.

493 Zitiert nach: O.V.: »Wenn zu Botha, dann auch zu Mandela«, *in:* FAZ, 19.01.1988, S. 2.

hang sagte auch der damalige CDU-Vorsitzende Helmut Kohl, es sei in Südafrika eine Evolution und keine Revolution nötig. Diese könne aber nur stattfinden, wenn die politischen Gefangenen, darunter auch Nelson Mandela, freigelassen würden.[494] Zu Mandelas 70. Geburtstag im August 1988 richtete auch CDU-Generalsekretär Heiner Geißler einen Appell an die südafrikanische Regierung, ihn freizulassen.[495]

Nicht nur die einzelnen Parteien, auch die Bundesregierung beschäftigte sich mit dem Schicksal von Nelson Mandela. Die SPD-geführte Bundesregierung bestätigte Mitte 1980 in einem Schreiben an den SPD-Abgeordneten Norbert Gansel, dass sie sich »schon seit längerer Zeit« um die Freilassung Mandelas und anderer politischer Gefangener bemühe, jedoch ohne irgendwelche konkreten Maßnahmen zu nennen.[496]

Auch die spätere CDU/CSU- und FDP-geführte Bundesregierung bestätigte im Bundestag mehrfach, dass sie sich für die Freilassung Mandelas einsetze, nannte aber ebenfalls keine konkreten Aktionen. Sie gab lediglich an, der südafrikanischen Regierung eine Liste mit Namen von Gefangenen, die freigelassen werden sollten, ausgehändigt zu haben.[497]

In der Beantwortung einer Anfrage des SPD-Abgeordneten Klaus Immer vom September 1985 nach den Reaktionen der Bundesregierung auf die Verhaftung des südafrikanischen Theologen Allan Boesak erklärte Staatsminister Jürgen Möllemann, es werde sich für die Freilassung der politischen Gefangenen eingesetzt, zu denen sowohl Nelson Mandela als auch Boesak zählten.[498] Hierbei ist interessant, dass Möllemann von sich aus Nelson Mandela nannte, sogar noch vor Boesak, um den es in der Anfrage eigentlich ging.

Auch Franz Joseph Strauß soll bei seinem Besuch in Südafrika Anfang 1988 die Freilassung der politischen Gefangenen gefordert haben, »insbesondere die Freilassung Nelson Mandelas«[499]. Botha soll ihm in diesem Zusammenhang sogar die Freilassung von über 100 politischen Gefangenen versprochen haben. Nelson Mandela gehörte jedoch nicht dazu.[500]

[494] Vgl.: O. V.: »Politische Gefangene freilassen«, *in:* FAZ, 02.02.1988, S. 2.

[495] Vgl.: O. V.: Glückwünsche für Mandela, *in:* FAZ, 18.07.1988, S. 2.

[496] Vgl.: Brief von Norbert Gansel an Helga Strücker-Coppik, vom 2. September 1980. Afas: AAB. 298. SA Justiz.

[497] Möllemann in der 146. Sitzung des Deutschen Bundestages vom 20. Juni 1985. Vgl.: Der Deutsche Bundestag: Plenarprotokoll 10/146, S. 10812.

[498] Vgl.: Der Deutsche Bundestag: Plenarprotokoll 10/156, S. 11691.

[499] Der Deutsche Bundestag: Plenarprotokoll 11/58, S. 3969.

[500] Vgl.: Leinemann, Jürgen: Das macht ihm keiner nach, *in:* DER SPIEGEL 5/1988, S. 29–31.

In seiner Grußbotschaft anlässlich der Verleihung des Bremer Solidaritätspreises an Winnie und Nelson Mandela im Februar 1988 forderte Helmut Schäfer, Staatsminister im Auswärtigen Amt, im Namen der Bundesregierung die südafrikanische Regierung auf, Nelson Mandela und alle politischen Gefangenen sofort freizulassen und dem ANC und allen anderen Organisationen ungehinderte politische Aktivität zu ermöglichen.[501] Anlässlich Mandelas 70. Geburtstag im August 1988 bat auch Bundeskanzler Helmut Kohl Botha, ihn freizulassen. Gleichzeitig schickte Außenminister Genscher ihm ein Glückwunschtelegramm. Im Oktober 1988 unterstützte die Bundesregierung eine in Südafrika erschienene Mandela-Biografie mit 20000 DM Druckkostenzuschuss. Schäfer erklärte dieses Engagement damit, dass die Freilassung Mandelas die »Voraussetzung für einen erfolgversprechenden friedlichen Dialog aller Gruppen in Südafrika«[502] sei. Bei einem Gespräch mit Botha im Juni 1989 forderte auch Arbeitsminister Norbert Blüm, Mandela als »letzte große Geste zur Versöhnung« freizulassen.[503]

Mit dem Angebot der südafrikanischen Regierung, Mandela freizulassen, wenn dieser auf Gewalt verzichten würde, war auch die Bundesregierung gezwungen, sich in der Frage der Gewalt zu positionieren. So wollte sich Möllemann im Oktober 1986 nicht darauf festlegen, die Freilassungsforderungen an einen Gewaltverzicht zu koppeln. Vielmehr plädierte er dafür, »daß er [Nelson Mandela, M.M.] möglichst schnell freigelassen«[504] würde. Er sprach in diesem Zusammenhang von einer »Spirale der Gewalt und Gegengewalt«[505] und stellte somit der Gewalt der Widerstandskämpfer die Gewalt des Staates gegenüber. Um die Menschenrechtsverletzungen in Südafrika zu beenden, müsse die Apartheid abgeschafft werden.[506] Eine Interpretation, dass die Gewalt vom Apartheidstaat ausgehe und dass die Unterdrückten ohne die staatliche Gewalt gar nicht zu »solchen grausamen und verabscheuungswürdigen Methoden greifen würden«[507], wie sie ihm von Eid vorgelegt wurde, lehnte er allerdings ab. Es gäbe zwar Gewalt vom Apartheidstaat, und die Apartheid selbst sei »eine Form unerträglicher

[501] Vgl.: Freie und Hansestadt Bremen: Zeichen der Ermutigung, S. 44.
[502] Der Deutsche Bundestag: Drucksache 11/3122, S. 6.
[503] Vgl.: Brandt, Hans: Botha kanzelt Blüm ab: »Das war schon relativ grob«, *in:* taz 28.06.1989, S. 6.
[504] Der Deutsche Bundestag: Plenarprotokoll 10/238, S. 18389.
[505] Ebd.
[506] Vgl.: Ebd., S. 18390.
[507] Ebd.

Gewalt und gewaltsamer Verletzung von Menschenrechten«[508], jedoch gäbe es auch davon unabhängige Gewalt von Schwarzen.

Auch die deutschen Bundespräsidenten engagierten sich für die Freilassung Nelson Mandelas. Bereits während der Planungen für die Mandela-Aktionsgruppe schrieb Karl Schmidt einen Brief an Bundespräsident Gustav Heinemann, in dem er ihn um Unterstützung bat.[509] Durch das Auswärtige Amt ließ Heinemann mitteilen, dass man an diesem Vorhaben sehr interessiert sei und bitte, über Fortschritte informiert zu werden.[510] Auch Bundespräsident Richard von Weizsäcker setzte sich in seiner Weihnachtsansprache 1985 unter anderem für Nelson Mandela ein. So sagte er, es sei »um des Friedens Willen [sic!] Zeit ihn freizugeben«.[511]

Nach außen hin nimmt die Aktionsgruppe »Freiheit für Nelson Mandela!« innerhalb der Kampagne eine besondere Rolle ein, da sie als einzige die Freilassung Mandelas als wichtigstes Ziel formulierte, während diese für alle anderen Gruppen nur eine Forderung unter vielen war. Bei genauerer Betrachtung wird jedoch offenbar, dass auch die Aktionsgruppe »Freiheit für Nelson Mandela!« ein weitaus größeres Ziel verfolgte, nämlich, wie alle anderen Gruppen auch, die Abschaffung der Apartheid in Südafrika.

Die weitaus meisten Menschen, die sich in den verschiedenen Gruppen für die Freilassung Mandelas einsetzten, waren Akademiker. Sie engagierten sich entweder im kirchlichen Bereich oder waren politisch aktiv. Viele beteiligten sich auch in mehreren Südafrika-Gruppen gleichzeitig. Gerade in den Anfangsjahren hatten viele der Aktiven persönliche Erfahrung mit dem Apartheidstaat gemacht. Erst später kamen immer mehr Personen hinzu, die selbst nie in Südafrika gewesen waren.

Bis auf die Mandela-Aktionsgruppe führten fast alle Gruppen ihre Arbeit auch nach Mandelas Freilassung fort, da das Ziel, die Apartheid zu beenden, noch nicht erreicht war.

Innerhalb der politischen Parteien beschränkten sich die Aktivitäten zu Nelson Mandela zumeist auf die Versicherung, man trete für

508 Der Deutsche Bundestag: Plenarprotokoll 10/238, S. 18390.

509 Vgl.: Schmidt, Karl: Zum Umdenken bereit, S. 96.

510 Vgl.: Ebd., S. 95–96.

511 Weizsäcker, Richard von: Weihnachtsansprache 1985, online: http://www.bundespraesident.de/SharedDocs/Reden/DE/Richard-von-Weizsaecker/Reden/1985/12/19851224_Rede.html (letzter Zugriff: 26.07.2013).

seine Freilassung ein. Allerdings schien der Druck der Öffentlichkeit groß genug zu sein, dass alle Parteien außer der CSU sich zumindest zu diesem Lippenbekenntnis genötigt sahen. Die CSU war die einzige Partei, die Mandela in erster Linie kritisch sah. Seine Position zur Gewaltanwendung war für sie ein wichtiges Argument, nicht für seine bedingungslose Freilassung einzutreten. Im Gegensatz dazu kündigte die SPD sogar die breite Unterstützung der Befreiungsbewegungen an. Im Bundestag sorgte die Fraktion der GRÜNEN durch Anfragen oder Anträge am häufigsten dafür, dass über Nelson Mandela und die Position der Bundesrepublik zu ihm diskutiert wurde. Auch die Bundesregierung als solche forderte immer wieder, sowohl intern als auch gegenüber der südafrikanischen Regierung, Mandelas Freilassung. Über diese formale Forderung ging das Engagement jedoch nie heraus. An den von der südafrikanischen Opposition geforderten Sanktionen zum Beispiel wollte sich die Bundesregierung, egal mit welcher Partei an der Spitze, nicht beteiligen. Erst im Rahmen von EG-Beschlüssen war sie in einem gewissen Maße an Sanktionen gebunden.

5.2 Die Aktionsformen

Nachdem im vorigen Kapitel untersucht wurde, welche Gruppen und Personen sich für die Freilassung von Nelson Mandela eingesetzt haben und aus welchen Beweggründen sie dies taten, soll im Folgenden beleuchtet werden, welche Aktionsformen dabei genutzt und welche Ziele mit ihnen verfolgt wurden.

Informationsarbeit

Der Schwerpunkt bei den Mandela-Aktionen fast aller außerparlamentarischer Gruppen lag in der Information einer möglichst breiten Masse über die Situation der politischen Gefangenen in Südafrika, um so eine kritische Öffentlichkeit zu erzeugen. Bereits 1973, unmittelbar nach ihrer Gründung, wurde von der Mandela-Aktionsgruppe Mandelas Verteidigungsrede aus dem Rivonia-Prozess veröffentlicht, da in ihr seine politischen Überzeugungen besonders deutlich würden.[512] Weil sich diese Broschüre großer Beliebtheit erfreute, mussten, trotz der hohen

[512] Vgl.: Finanzierungsbericht für die Aktion »Freiheit für Nelson Mandela« vom 9. Juni 1973. Afas MAKSA 2.

Erstauflage von 5 000 Exemplaren,[513] zwei weitere Auflagen gedruckt werden, die bis zur Auflösung der Aktionsgruppe im April 1990 restlos vergriffen waren.[514] Von der AAB wurde die Verteidigungsrede sogar vertont und als Langspielplatte verkauft.[515]

Zu verschiedenen Anlässen gab es Informationsstände in Fußgängerzonen, auf Kirchentagen oder auf Messen. Diese Stände konnten einen speziellen Bezug zu Mandela haben, oftmals waren es jedoch ganz andere Auslöser, wie zum Beispiel die Anti-Outspan-Aktion.[516] Zusätzlich zu den speziellen Informationen zu dieser Aktion gab es an den Ständen auch verschiedene Broschüren über Nelson Mandela.[517] Viele der Stände waren sehr kreativ gestaltet, wie etwa der einer Südafrika-Gruppe aus Bamberg. Diese hatte am 27. Oktober 1984 einen Informationsstand in der Bamberger Fußgängerzone aufgestellt. Vorrangig sollten Unterschriften für Mandelas Freilassung gesammelt werden, außerdem gab es Informationsmaterial, Postkarten, Buttons und ANC-Handzettel. Als »Aufhänger bzw. ‚Publikumsmagnet'«[518] wurde eine Gefängniszelle nachgebaut, an deren Wänden Informationstafeln angebracht waren und in deren Mitte ein großes Bild von Mandelas Kopf hing. Um die Aufmerksamkeit der Passanten zu erregen, wurden oft auch kleine Straßentheater veranstaltet, wie bei einem Infostand zum 70. Jubiläum des ANC in Bonn.[519] Wie in Bamberg wurde auch andernorts oft nicht nur eigenes Material verteilt, sondern auch solches vom ANC selbst sowie von anderen Aktionsgruppen, vor allem das der Mandela-Aktionsgruppe.

In den Bereich der Information fallen auch die Produktion und Verteilung von Werbematerialien wie Briefverschlussmarken, Ansteckern und Aufklebern.[520] Diese hatten meist in der Mitte ein Porträt Mandelas, um das sich ein Spruchband mit der Aufschrift: »Freiheit

513 Vgl.: Finanzierungsbericht für die Aktion »Freiheit für Nelson Mandela« vom 9. Juni 1973.

514 Vgl.: Jahresbericht für die Mandela-MV am 28. April 1990 in Stuttgart, gez. Karl Schmidt, S. 1. Afas: AAB. ORG. 58.

515 Vgl.: Wick, Ingeborg: Materialmappe 20 Jahre AAB, Bonn 1994, S. 47–48.

516 Im Rahmen der Aktion im Oktober 1974 wurde zu einem Boykott von Orangen der Marke Outspan und generell aller Früchte aus Südafrika aufgerufen. Siehe hierzu: Bacia, Leidig: »Kauft keine Früchte aus Südafrika«.

517 Vgl.: Ebd., S. 49.

518 Brief von Matthias Treiber an Herrn Flues vom 2. Dezember 1984. Afas: AAB 143. Hervorhebungen im Original.

519 Vgl.: 70 Jahre ANC, *in:* informationsdienst südliches afrika 1/2, 1982, S. 22–23.

520 Vgl.: Karl Schmidt: KAMPAGNE »FREIHEIT FÜR NELSON MANDELA!« vom 10. März 1973. Afas: MAKSA 2.

für Mandela Südafrika« legte. Farblich waren sie in Violett oder Pink gehalten, da dies die Farben der Mandela-Kampagne waren.[521] Die Werbemittel sollten dazu dienen, die Kampagne bekannt zu machen und das Thema Mandela in das Blickfeld möglichst vieler Menschen zu rücken. Gerade mit den Briefverschlussmarken konnte das Anliegen der Gruppen weit verbreitet werden. Solches Werbematerial wurde nur von der Mandela-Aktionsgruppe produziert, da diese sich auf dieses eine Thema konzentrierte. Das Material wurde jedoch auch von anderen Gruppen angefordert und verteilt.[522]

Eine weitere Möglichkeit waren Anzeigen in Zeitungen und Gemeindeblättern. Beispielsweise schaltete die AAB am 20. Mai 1985 eine einseitige Anzeige in der Frankfurter Rundschau, in der sie die Freilassung von Nelson Mandela forderte. Diese enthielt ein Bild von Mandela und eine kurze Information darüber, wer er war. Den größten Teil der Anzeige nahm die beigefügte Unterschriftenliste ein, in der sämtliche 426 Erstunterzeichner aufgelistet waren.[523] In den darauffolgenden Tagen wurde sie in mehreren anderen Tageszeitungen kostenlos abgedruckt. Auch anlässlich Mandelas 70. Geburtstag gab es einige Anzeigen, zum Beispiel in der Heilbronner Stimme am 6. Juni 1988.[524]

Die Informationsarbeit von Amnesty International unterschied sich in der Professionalisierung und in der Schwerpunktsetzung von derjenigen der Mandela-Aktionsgruppe. Da Mandela nicht von Amnesty International adoptiert worden war, bezogen sich die Informationen nicht nur auf ihn speziell. Vielmehr wurde das Thema der politischen Gefangenen in Südafrika etwas weiter gefasst, wobei auch Nelson Mandela in diesem Zusammenhang Erwähnung fand. Das Besondere an der Informationsarbeit von Amnesty International war, dass neben Infoständen und einer Mitgliederzeitung mehrere Bücher herausgegeben wurden.[525] Außerdem arbeitete Amnesty International mit Rundfunk und Fernsehen zusammen und konnte Beiträge im NDR, beim Hessischen Rundfunk und bei Radio Bremen platzieren. Zusammen mit dem

[521] Vgl.: Schmidt, Karl: Zum Umdenken bereit, S. 101.

[522] Vgl. dazu: Paschlau, Helmut: Erfahrungen einer lokalen Solidaritätsgruppe, *in:* AKAFRIK (Hg.): Südafrika–Handbuch. Südafrika, Namibia und Zimbabwe, Wuppertal 1982, S. 186–189.

[523] Vgl.: Wick: Materialmappe 20 Jahre AAB, S. 35.

[524] Vgl.: Aktionsgruppe »Freiheit für Nelson Mandela«: Presseanzeige in der Heilbronner Stimme vom 6. Juni 1988. Afas: AAB 87 Teil 2.

[525] Vgl.: Politische Inhaftierung in Südafrika. Ein Bericht von Amnesty International, Baden-Baden 1978, und Baßmann, Winfried (Hg.): Menschenrechte in Südafrika. Perspektiven von Widerstand und Unterdrückung, München 1978.

WDR wurde sogar eine mehrstündige Samstagabendsendung gestaltet, in der es um Südafrika und die Lage der politischen Gefangenen ging.[526]

In diesem Zusammenhang ist auch die issa (informationsstelle südliches afrika) zu nennen. Ihr ausdrückliches Ziel war und ist es, Forschungsergebnisse über das südliche Afrika zu verbreiten.[527] Dabei nimmt sie eine Position »für Völkerverständigung, gegen Unterdrückung und Rassismus«[528] ein. Zusammen mit der AAB gab sie die Zeitschrift »Informationsdienst südliches Afrika« (ab 1990 »Afrika Süd«) heraus, die sowohl über politische Gefangene im Allgemeinen als auch, besonders ab den 1980er-Jahren, über Nelson Mandela und die verschiedenen internationalen Kampagnen zu seiner Freilassung berichtete. Auch andere Gruppen brachten Informationszeitschriften heraus. Konkret für die Mandela-Kampagne waren sie jedoch nicht von großer Bedeutung.

Es zeigt sich also, dass sehr viele Gruppen auf Informationsarbeit gesetzt haben. Unterschiede in der Form sind dabei vor allem auf zwei Faktoren zurückzuführen. Je stärker sich eine Gruppe auf Mandela spezialisierte, desto mehr Material erarbeitete sie speziell zu ihm. Je größer eine Gruppe war, umso professioneller waren ihre Informationsmethoden und umso weiter waren die Themen gefasst. So stellte die Mandela-Aktionsgruppe viele kleine Materialien zu ihm speziell her, die AAB und Amnesty International konzentrierten sich dagegen weniger auf Mandela, hatten aber die Mittel, Bücher oder Zeitschriften herauszugeben, und erreichten dadurch ein anderes Publikum.

Postkartenaktionen

Wie bereits angedeutet, gab es im Rahmen der Mandela-Kampagne auch Postkartenaktionen. Dabei waren vor allem zwei von Bedeutung.

Die erste war für den Aufbau politischen Drucks innerhalb der Bundesrepublik gedacht. Bei einer Postkartenaktion der Mandela-Aktionsgruppe im November 1980 ging es beispielsweise darum, dass Einzelpersonen oder Gruppen an Persönlichkeiten des öffentlichen Lebens, »[a]ls Adressaten [waren] vor allem Mitglieder des Bundestages und der Bundesregierung gedacht,«[529] eine vorgedruckte Postkarte sandten. Auf

[526] Dr. Winfried Baßmann in einem Interview mit der Autorin am 21.05.2013.

[527] Vgl.: Selbstdarstellung der issa auf ihrer Homepage, http://www.issa-bonn.org/wir.htm (letzter Zugriff: 10.07.2013).

[528] Ebd.

[529] Klappkarte Freiheit für Nelson Mandela (Südafrika)! Afas: AAB 143. Teil 2.

dieser wurde der Empfänger durch den Absender aufgefordert, »für die Freilassung von Nelson Mandela öffentlich und mit allen erdenklichen Mitteln einzutreten«.[530] Nach einigen sehr knappen Informationen zu Mandela selbst und einem Hinweis auf die »Free Mandela Campaign« des ANC wurde die Forderung auf die Freilassung aller politischen Gefangenen ausgedehnt. Außerdem war das berühmte Schlusszitat aus Mandelas Verteidigungsrede[531] abgedruckt. Auf der Rückseite, unterhalb des Adressfeldes für den Absender, war ein Zitat aus der Johannesburger SUNDAY POST abgedruckt, in dem es hieß: »Kein anderer Schritt zur Verhinderung einer gefährlichen Konfrontation wäre so entscheidend, so dramatisch und hätte für unser nationales Leben eine größere Bedeutung als die Freilassung von Nelson Mandela.«[532] Dieses Zitat wirkt, zusammen mit dem Verweis auf die ANC-Kampagne, wie ein Versuch, die Richtigkeit und Notwendigkeit dieser Postkartenaktion zu belegen. So wurde deutlich, dass es sich nicht um die Aktion einiger weniger Leute in Deutschland handelte, sondern um die Unterstützung einer Kampagne in Südafrika selbst. Der Postkarte war als Geschenk für die Teilnehmer der Aktion ein Porträt von Nelson Mandela beigefügt.[533]

Einige Absender hatten 1980 eine solche Karte auf ein Blatt Papier geklebt und eine private Unterschriftensammlung veranstaltet, bevor sie beides an Außenminister Genscher schickten. So konnten sie der Postkarte eine ganze Liste von Unterzeichnern beifügen.[534]

Allein auf dem Kirchentag 1982 in Hamburg wurden 6000 dieser Karten verteilt, von denen 856 unterschrieben wieder abgegeben und von der Mandela-Aktionsgruppe weitergeleitet wurden. Sämtliche 856 Karten richteten sich nur an acht prominente Personen, von denen nur

530 Freiheit für Nelson Mandela-Postkarte mit Unterschriftensammlung an Außenminister Genscher vom November 1980. Afas: AAB 298 SA. Justiz.

531 »Dem Kampf des afrikanischen Volkes habe ich mein Leben gewidmet. Ich habe gegen die Vorherrschaft der Weißen, und ich habe gegen die Vorherrschaft der Schwarzen gekämpft. Eine demokratische und freie Gesellschaft, in der alle friedlich und mit gleichen Möglichkeiten zusammenleben können, hat mir stets als Ideal vorgeschwebt. Es ist ein Ideal, für das ich lebe, und das ich verwirklichen möchte. Aber wenn es sein muß, bin ich bereit, für dieses Ideal zu sterben.« Freiheit für Nelson Mandela-Postkarte. Afas: AAB. 143 Teil 2.

532 Sunday Post vom 9. März 1980, zitiert nach: Freiheit für Nelson Mandela-Postkarte. Afas: AAB. 143 Teil 2.

533 Vgl.: Klappkarte Freiheit für Nelson Mandela (Südafrika)! Afas: AAB 143. Teil 2.

534 Vgl.: Freiheit für Nelson Mandela-Postkarte mit Unterschriftensammlung an Außenminister Genscher, November 1980. Afas: AAB 298 SA. Justiz.

einer, der Ratsvorsitzende der EKD, Landesbischof Dr. Eduard Lohse, in den Quellen mit Namen genannt wird, weil er als Einziger nicht auf die Aktion geantwortet hatte.[535]

Die zweite Postkartenaktion wandte sich nicht nur an die südafrikanische Regierung, sondern auch an Nelson Mandela selbst und dessen Angehörige, da sie zugleich als Solidaritätsaktion verstanden wurde. Anlässlich Mandelas 60. Geburtstag, am 18. Juli 1978, organisierte die Mandela-Aktionsgruppe eine solche Postkarten- und Solidaritätsaktion. Auf der einen Seite der Doppelpostkarte wurde über den Anlass und sehr knapp über Mandela informiert. Recht ausführlich wurden hingegen die Ziele der Aktion dargelegt. Die abtrennbare zweite Seite war eine Postkarte mit Blumenmotiv, die per Luftpost zu Nelson Mandela ins Gefängnis geschickt werden sollte. Die Teilnehmer dieser Aktion wurden zudem aufgefordert, noch eine kurze persönliche Nachricht auf die Karte zu schreiben, ggf. auch auf Deutsch.[536] Mit dieser Postkartenaktion sollte der südafrikanischen Regierung gezeigt werden, dass »die Opfer und Gefangenen ihres unmenschlichen Apartheidsystems auch außerhalb Südafrikas nicht vergessen«[537] würden. Gleichzeitig sollten Nelson Mandela, seine Frau Winnie sowie alle anderen Gefangenen und Freiheitskämpfer in ihrem Kampf ermutigt werden.[538] Außerdem sollte die Bekanntheit Nelson Mandelas in der Bundesrepublik durch diese Aktion weiter erhöht werden.

Diese Postkarten wurden verschiedenen Solidaritätsgruppen kostenlos angeboten mit der Bitte, die Karten unter ihren Aktiven zu verteilen oder den Zeitschriften beizulegen.[539] Das Porto für den Versand nach Südafrika wurde von den Teilnehmern selbst getragen.

Die Organisation von Postkartenaktionen zu Nelson Mandela lässt sich nur bei der Mandela-Aktionsgruppe nachweisen. Andere Gruppen haben solche Aktivitäten jedoch unterstützt, indem sie die Karten verteil-

535 Vgl.: Tätigkeitsbericht für die Mandela-MV am 20.3.82 in Stuttgart, S. 1. Afas: AAB 87.

536 Vgl.: Brief von der Aktionsgruppe »Freiheit für Nelson Mandela (Südafrika)!« e. V. an verschiedene Solidaritätsgruppen vom 18. April 78. Entwurf für den Informationsteil der Doppelkarte. Afas: AAB: ORG. 58.

537 Vgl.: Ebd.

538 Vgl.: Ebd.

539 Vgl.: Ebd.

ten. Insgesamt stießen solche Aktionen auf große Resonanz. Auch in anderen Zusammenhängen wurden Postkartenaktionen durchgeführt, unter anderem organisierte Amnesty International solche bereits seit 1965 für politische Gefangene.[540]

Offene Briefe

Eine sehr häufig angewandte Aktionsform, die sich zwischen Information und dem Versuch einer direkten Einflussnahme befand, war der offene Brief. Bei diesem wurde zunächst ein Brief an einen Adressaten persönlich verfasst und gesendet. Anschließend wurden dessen Inhalte in der Presse veröffentlicht und teilweise in Kopie an die Abgeordneten des Bundestages oder die Bundesregierung bzw. einige ihrer Mitglieder geschickt.

Bereits auf dem Kirchentag im Juni 1973 unterschrieben Tausende einen offenen Brief an Premierminister Vorster, in dem er aufgefordert wurde, Mandela und die anderen politischen Gefangenen freizulassen.[541] Am 7. Dezember 1973 schrieb die Mandela-Aktionsgruppe einen weiteren offenen Brief an Vorster, in dem von diesem erneut verlangt wurde, »[...] Herrn Nelson Mandela und seine im Rivonia-Prozess verurteilten Freunde vom ANC freizulassen und mit ihnen gemeinsam nach neuen politischen Wegen zum Wohle Ihres Landes zu suchen«.[542] Diesen Brief unterzeichneten insgesamt 1.790 Menschen, darunter auch Mitglieder des Bundestages.[543]

Am 6. März 1976 wurde dem südafrikanischen Botschafter bei einem sogenannten Herrenfrühstück des Dekans des Kirchenbezirks Esslingen, Kurt Henning, von der Mandela-Aktionsgruppe ein offener Brief zur Weiterleitung an Vorster übergeben.[544] Eine Kopie dieses Briefes wurde gemeinsam mit einem Anschreiben an die Bundesregierung und die Mitglieder des Bundestages, den ANC, den PAC, die SWAPO, den Ratsvorsitzenden der EKD, die Presse »und andere« ge-

[540] Vgl.: Geschichtliche Entwicklung von Amnesty International, S. 7.

[541] Vgl.: Schmidt, Karl: Zum Umdenken bereit, S. 103.

[542] Offener Brief der Aktionsgruppe »Freiheit für Nelson Mandela«, gez. Fleischer, an den Ministerpräsidenten der Republik Südafrika vom 7. Dezember 1973. Afas: MAKSA 2.

[543] Vgl.: Ebd.

[544] Vgl.: Offener Brief an Premierminister J. B. Vorster von Karl Schmidt im Namen der Aktionsgruppe »Freiheit für Nelson Mandela(Südafrika)« e. V. vom 4. März 1976. Afas: MAKSA. 5.

sandt. Besonders hervorgehoben ist die in Großbuchstaben gedruckte Forderung:

> »[...] SOFORT UND OHNE BEDINGUNGEN, DIE IN IHREN GEFÄNGNISSEN INHAFTIERTEN ‚TRUE LEADERS' (WAHREN FÜHRER) DER SCHWARZAFRIKANISCHEN MEHRHEIT WIE ETWA NELSON MANDELA, WALTER SISULU (SÜDAFRIKA) UND HERMAN TOIVO JA TOIVO (NAMIBIA) FREIZULASSEN UND UMGEHEND MIT IHNEN ERNSTHAFTE VERHANDLUNGEN ZUR LÖSUNG DER DURCH DIE POLITIK DER APARTHEID UND DER WEISSEN VORHERRSCHAFT GESCHAFFENEN SPANNUNGEN UND SCHREIENDEN UNGERECHTIGKEITEN AUFZUNEHMEN.«[545]

Der Brief endete mit der Drohung:

> »Solange aber diese bewährten Führer der ältesten südafrikanischen Unabhängigkeitsbewegung nicht freigelassen und nicht als entscheidende Verhandlungspartner beim Aufbau eines besseren Südafrikas anerkannt werden, werden wir nicht müde für sie, das Recht der Unterdrückten im südlichen Afrika und die Überwindung der unmenschlichen und unchristlichen Apartheidspolitik zu kämpfen.«[546]

Auch der Südafrika-Experte der SPD-Bundestagsfraktion, Ingomar Hauchler, schrieb am 16. Juli 1984 einen Offenen Brief an Botha, in dem er ihn aufforderte, Mandela freizulassen. Eine Regierung, die »one of the most prominent leaders of your nation's black majority«[547] mehr als 20 Jahre im Gefängnis halte, könne nicht behaupten, die Gesamtheit des Volkes zu vertreten, womit er Südafrika den Status einer westlichen Demokratie absprach. Ihr Verhalten lasse eher darauf schließen, dass die Regierung Angst vor einem Nelson Mandela in Freiheit habe und dass es der Regierung nicht um die Interessen des ganzen Landes, sondern lediglich um die der weißen Minderheit gehe.[548] In einer dem Brief beigefügten Stellungnahme forderte Hauchler auch Bundeskanzler Kohl und Außenminister Genscher auf, ihren Worten endlich Taten folgen zu lassen und die südafrikanische Regierung zu drängen, Nelson Mandela freizulassen.[549] Ein offener Brief konnte sich auch an mehr als einen Adressaten wenden.

Nicht nur an die südafrikanische Regierung, sondern auch an Persön-

545 Offener Brief an Premierminister J.B. Vorster von Karl Schmidt im Namen der Aktionsgruppe »Freiheit für Nelson Mandela(Südafrika)« e.V. vom 4. März 1976. Afas: MAKSA. 5.

546 Ebd. Unterstreichungen aus dem Original.

547 Brief von Prof. Dr. Ingomar Hauchler an Prime Minister of the Republic of South Africa Mr. P.W. Botha vom 16.7.1984. Afas:AAB 143.

548 Vgl.: Ebd.

549 Vgl.: Ebd.

lichkeiten in der Bundesrepublik konnten sich Offene Briefe richten. So schrieb Karl Schmidt am 25. April 1979 einen solchen an den württembergischen Landesbischof Class. In diesem legte Schmidt sein Missfallen an dem Verhalten des Landesbischofs gegenüber der südafrikanischen Regierung dar und erklärte seine persönliche Enttäuschung darüber, dass Class sich nicht um ein Gespräch mit Mandela bemüht habe, obwohl doch er, Karl Schmidt, ihn kurz vor seiner Reise darum gebeten hätte.[550]

Offene Briefe waren bei der Mandela-Aktionsgruppe offenbar ein beliebtes Mittel. Auch andere Gruppen nutzten diese Form. Durch die Veröffentlichung der Briefe wurden nicht nur zahlreiche Menschen auf die Probleme aufmerksam gemacht und informiert, sondern in erster Linie der Druck auf die Adressaten erhöht. Offene Briefe wurden auch in anderen Zusammenhängen eingesetzt, um öffentlichen Druck auf Akteure auszuüben.

Direkte Briefe

Neben Postkartenaktionen und offenen Briefen richteten Gruppen oder einzelne Aktivisten auch immer wieder persönliche Briefe an verantwortliche Personen oder Parteien. So verschickte die Aktionsgruppe »Freiheit für Nelson Mandela« im Dezember 1974 Briefe an alle Parteien im Bundestag. In diesen wurde darauf hingewiesen, dass die im Bundestag vertretenen Parteien ihre Einstellung zum Apartheidstaat zu klären hätten, da die Bundesrepublik sehr enge Kontakte mit Südafrika habe. Gleichzeitig wurde betont, dass die Öffentlichkeit ein Recht habe, zu erfahren, wie sie sich zu Südafrika positionierten. Daher wurden sie gebeten, der Aktionsgruppe ein Papier zuzusenden, aus dem ihre Positionen hervorgingen oder, wenn es eine solche noch nicht gäbe, sich darum zu bemühen, dass eine Stellungnahme erarbeitet würde.[551]

Im Juli und August 1985 kam es zu einem Briefwechsel zwischen der Mandela-Aktionsgruppe und dem Bundeskanzleramt. Im zweiten Brief der Aktionsgruppe wurde kritisiert, dass die Bundesregierung offenbar »keinen politischen Willen«[552] habe, Druck auf die südafri-

[550] Vgl.: Schmidt, Karl: Offener Brief an Herrn Landesbischof Dr. H. Class vom 25.04.1979. Afas: AAB. 87.

[551] Vgl.: Brief von Karl Schmidt und Jürgen Grefe an den Bundesvorsitzenden der FDP, H.D. Genscher vom Dezember 1974. Afas: AAB 87.

[552] Brief der Aktionsgruppe »Freiheit für Nelson Mandela (Südafrika)!« e.V. an Bundeskanzler Dr. Helmut Kohl vom 19. August 1985. Afas: AAB 87.

kanische Regierung auszuüben und die Unterstützung des Regimes einzuschränken. Das Südafrika-freundliche Verhalten der Bundesregierung erschüttere »das Vertrauen vieler, nicht nur junger Menschen, in unseren eigenen Staat und sein Bekenntnis zu Freiheit, Gerechtigkeit und Demokratie«.[553]

Auch Einzelpersonen versuchten, mit persönlichen Briefen Einfluss zu nehmen. In diesem Zusammenhang ist auch derjenige von Karl Schmidt an Landesbischof Class zu nennen. Vor dessen Reise nach Südafrika hatte Schmidt ihn gebeten, sich für ein Gespräch mit Nelson Mandela einzusetzen.[554] Aus einem späteren Brief geht jedoch hervor, dass Class dies nicht tat.[555]

Gerade im Bereich der persönlichen Briefe ist die Quellenlage relativ schlecht, weil nur wenige erhalten sind und daher nur schwer nachzuvollziehen ist, in welchem Umfang Privatpersonen solche an Personen aus dem öffentlichen Leben geschrieben haben. Da die Form des Briefes wenig organisatorischer Vorarbeit bedarf, ist diese immer wieder ein beliebtes Mittel gewesen. Auch Amnesty International setzte von Anfang an Briefaktionen ein.

Tagungen, Diskussionsrunden und Kirchentage

Zum Thema der politischen Gefangen in Südafrika gab es einige Tagungen und Diskussionsrunden, die jedoch in der Regel einem kleineren Kreis vorbehalten und keine großen öffentlichen Veranstaltungen waren, wie z.B. die Tagung »Politische Gefangene in Südafrika« der Ev. Akademie Bad Boll vom 6. bis 8. Mai 1977. Dort trafen sich Vertreter verschiedener Gruppen: Eine Vertreterin des ANC, Vertreter von Amnesty International, des DGB, kirchlicher Kreise sowie der Aktionsgruppe »Freiheit für Nelson Mandela«.[556] Auch in anderen evangelischen Akademien gab es vergleichbare Tagungen,[557] auf denen Workshops, Diskussionsrunden und Vorträge angeboten wurden. Auch

[553] Ebd.

[554] Vgl.: Schmidt, Karl: Offener Brief an Herrn Landesbischof Dr. H. Class vom 25.04.1979. Afas: AAB. 87.

[555] Vgl.: Ebd.

[556] Vgl.: hierzu: Apartheid – ein System, das politische Gefangene produziert. Bericht von einer Tagung »Politische Gefangene in Südafrika« der Ev. Akademie Bad Boll vom 6.–8. Mai 1977. Verfasst von Karl Schmidt am 10. Mai 1977. Afas: AAB 298 SA Justiz.

[557] Dr. Winfried Baßmann in einem Interview mit der Autorin am 21.05.2013.

lokale Gruppen der AAB und unabhängige Initiativen veranstalteten Diskussionsrunden, zu denen regelmäßig Experten eingeladen wurden, einen Vortrag zu halten. Diese Experten konnten Deutsche sein, die sich mit dem Thema beschäftigten, sehr gerne wurden jedoch auch Südafrikaner eingeladen. Solche Gelegenheiten boten sich zum einen, wenn sich ein Vertreter der Befreiungsbewegungen auf einer Europa-/Deutschland-Rundreise befand, zum anderen engagierten sich sowohl in der AAB als auch bei Amnesty International viele Südafrikaner, die ihr Land verlassen hatten und nun in Deutschland lebten.[558]

Öffentlicher wurde von Anfang an auf den verschiedenen evangelischen Kirchentagen diskutiert, etwa bereits 1973 in Düsseldorf, wo Mandelas Freilassung thematisiert wurde. Besonders eindeutig geschah dies auf der Abschlussveranstaltung, an der insgesamt 24 000 Menschen teilnahmen. Dort hatte sich, durch die Mandela-Aktionsgruppe organisiert, eine große Gruppe von Apartheidgegnern im Stadion versammelt und während eines Liedes in der Mitte des Feldes ein »Apartheidkreuz« gebildet. Für den Rest der Veranstaltung blieben sie in einer geschlossenen Reihe auf dem Feld stehen. Alle Teilnehmer hatten sich je zwei Anti-Apartheid- oder Mandela-Plakate umgehängt.[559]

Von da an nahm die Mandela-Aktionsgruppe regelmäßig an den Kirchentagen teil und präsentierte sich mit einem Stand.[560] Auf diese Weise brachte sie das Thema Mandela und Südafrika immer wieder in die Diskussion ein. In Hamburg organisierte die Gruppe 1981 außerdem einen Südafrika-Gottesdienst mit anschließender Diskussionsrunde.[561] Auch der Kirchentag in Hannover 1983 wurde zu einem großen Forum für die Mandela-Kampagne.[562]

Nach der Freilassung Mandelas wurde am 9. März 1990 im Steiggemeindehaus in Stuttgart-Bad Cannstatt ein ›MANDELA FEST‹ veranstaltet, an dem ca. 180 Menschen teilnahmen. Dort gab es neben einigen Redebeiträgen von Karl Schmidt, Robby Kriger und Angela Mai auch ein Unterhaltungsprogramm mit Musik und Tanz.[563]

558 Vgl.: Ebd.

559 Vgl.: Schmidt, Karl: Zum Umdenken bereit, S. 104.

560 Vgl.: Protokolle der Aktionsgruppe »Freiheit für Nelson Mandela (Südafrika)!« e.V. Afas: AAB 87.

561 Vgl.: Tätigkeitsbericht für die Mandela-MV am 20.3.82 in Stuttgart. Afas: AAB 87.

562 Dr. Winfried Baßmann in einem Interview mit der Autorin am 21.05.2013.

563 Vgl.: Jahresbericht für die Mandela-MV am 28. April 1990 Stuttgart. Afas: AAB.

Tagungen und Diskussionsrunden wurden von vielen verschiedenen Gruppen veranstaltet, wobei dort fast immer dieselben Organisationen vertreten waren.[564] Die Tagungen waren oft nicht für eine große Öffentlichkeit gedacht, sondern dienten dem Gedankenaustausch der verschiedenen Organisationen untereinander. Diskussionsrunden, die sich zum Beispiel an Gottesdienste oder Ähnliches anschlossen, waren da schon öffentlicher, wenn sie auch nur für einen kleinen Kreis gedacht waren. Vor allem sollten sie helfen, offene Fragen zu klären. Die Kirchentage waren hingegen für eine große Öffentlichkeit gedacht, wenn diese sich auch auf einen evangelisch-christlichen Kreis beschränkte.

Demonstrationen

Eine weitere Protestform, die auch für die Mandela-Kampagne genutzt wurde, waren Demonstrationen. Die ersten fanden am 26. Juni 1973, dem südafrikanischen Freiheitstag, statt. Aus diesem Anlass wurde vor der Südafrikanischen Botschaft in Köln und den Konsulaten in Hamburg und Stuttgart demonstriert.[565] Diese Aktionen wandten sich grundsätzlich gegen die Apartheid, brachten aber zum ersten Mal auch die Forderung nach der Freilassung Mandelas auf.[566] Die Teilnehmer hatten lila Mandela-Plakate dabei und der Studentenpfarrer Dr. Sören Widmann sagte in seiner Ansprache, es sei »höchste Zeit, Führungspersönlichkeiten wie Nelson Mandela freizulassen«.[567]

Noch im selben Jahr, am 10. Dezember, dem Tag der Menschenrechte, kam es erneut zu einer Demonstration vor der Südafrikanischen Botschaft, die vom MAKSA, Amnesty International und afrikanischen Studenten organisiert worden war. Sie richtete sich gegen die Apartheid und forderte die Freilassung Nelson Mandelas und aller politischen Gefangenen.[568] In den folgenden Jahren wurde regelmäßig vor der Botschaft demonstriert, wobei es sich teilweise um sehr kleine Kundgebungen mit nur sechs Teilnehmern handelte. An diesen Demonstrationen nahmen

ORG. 58 und Aktionsgruppe »Freiheit für Nelson Mandela (Südafrika)!« e.V.-Protokoll der Mitgliederversammlung am Samstag, den 28.April 1990 in Stuttgart. Afas: AAB.ORG 58.

564 Dr. Winfried Baßmann in einem Interview mit der Autorin am 21.05.2013.

565 Vgl.: Schmidt, Karl: Zum Umdenken bereit, S. 101.

566 Vgl.: Ebd., S. 101–103.

567 Zit. nach: Ebd., S. 103.

568 Vgl.: O.V.: Aktion »Freiheit für Nelson Mandela«, *in:* informationsdienst südliches afrika, 1/1974.

Menschen aller Altersklassen teil.[569] Anlässlich Mandelas 70. Geburtstages wurden an vielen Orten kleine und große Kundgebungen für dessen Freilassung organisiert, wie in Köln, Lübeck, Berlin und München.[570]

Nach Mandelas Freilassung fand am 12. Februar 1990 in Frankfurt eine Kundgebung mit Fackelumzug statt, zu der die Fraktionen von SPD und GRÜNEN in der Stadtverordnetenversammlung gemeinsam mit dem DGB-Kreisverband, dem Stadtjugendring, der »Frankfurter Frauenaktion Südafrika«, dem Arbeitskreis »Kein Geld für Apartheid der Evangelischen Frauenarbeit« und dem AStA der Universität aufgerufen hatten und an der sich rund 250 Menschen beteiligten.[571] Weitere 200 Demonstranten trafen sich auf dem Bremer Marktplatz, darunter auch Bürgermeister Wedemeier, um die Freilassung Mandelas zu feiern und gleichzeitig weiteren Druck auf Südafrika zu fordern.[572] Mehrfach wurde auf die Rolle der Bundesrepublik hingewiesen, die mit dazu beigetragen hatte, dass sich die Apartheid so lange hatte halten können.[573] Auch in 30 anderen Städten fanden Feste und Kundgebungen statt.[574]

Es zeigt sich also, dass es für Demonstrationen und Kundgebungen meist eines Anlasses bedurfte, wie etwa des südafrikanischen Freiheitstages oder Mandelas Geburtstag. Sie waren in der Regel recht klein und hatten nur selten über hundert Teilnehmer. Bereits im 19. Jh. wurden Demonstrationen regelmäßig als Mittel genutzt, um der politischen Obrigkeit das Missfallen einer breiten Masse zu demonstrieren.[575]

Unterschriftenlisten

Wie bereits mehrfach erwähnt, wurden immer wieder Unterschriften für die Freilassung Mandelas gesammelt. Dies konnte im Rahmen internationaler Aktionen geschehen oder auf den deutschen Raum begrenzt sein. Dabei gab es sowohl Unterschriftenlisten, die direkt die südafrikanische Regierung aufforderten, Mandela freizulassen,

569 Sören Widmann in einem Telefonat mit der Autorin vom 16.05.2013.

570 Vgl.: O. V.: Geburtstagsfront gegen Apartheid, *in:* taz vom 19.07.1988, S. 2, und O. V.: Anti-Apartheid-Aktionen *in:* taz vom 15.07.1988, S. 5.

571 Vgl.: bwl: Kundgebung zur Freilassung von Nelson Mandela, *in:* FAZ, 12.02.1990, S. 36, und bm: »Der Kampf geht weiter«: Kundgebung für Mandela, *in:* FAZ, 13.02.1990, S. 41.

572 Vgl.: K. W.: Kleine Freude über Mandela, *in:* taz, 13.02.1990, S. 21.

573 Vgl.: Ebd.

574 Vgl.: diba: Für Bonn sind Veränderungen im »Kernbereich der Apartheid« noch nicht auszumachen, *in:* taz, 13.02.1990, S. 3.

575 Vgl.: Haunss: Geschichte und Perspektiven sozialer Bewegungen, S. 32.

wie beispielsweise diejenige, die am 10. Dezember 1973 von Frau von Bothmer in der Südafrikanischen Botschaft übergeben wurde,[576] als auch solche, die sich mit der Aufforderung an die deutsche Regierung wandten, sich für die Freilassung von Mandela einzusetzen, wie die private Unterschriftenliste, die im November 1980 an Außenminister Genscher geschickt wurde.[577] Die weitaus meisten Unterschrifteaktionen wandten sich an beide Seiten zugleich. Gefordert wurde dabei neben der Freilassung Mandelas auch das Ende der guten Beziehungen zwischen der Bundesrepublik und Südafrika, wie in der Unterschriftenliste, die im Mai 1985 in der Frankfurter Rundschau abgedruckt wurde.[578] Teilweise wandten sich solche Aktionen auch an die Kirche oder die Hochschulleitungen bestimmter Universitäten.[579]

Unterschriftenaktionen konnten von den unterschiedlichsten Gruppen durchgeführt werden. Daher wurde das Sammeln von Unterschriften immer wieder als einfaches Mittel zur Unterstützung der Kampagne empfohlen.[580] Listen und Informationsmaterial konnten unter anderem bei der AAB oder der Mandela-Aktionsgruppe angefordert werden. Doch auch unabhängig von diesen wurden solche Aktionen von anderen Gruppen in Hochschulen oder Gemeinden durchgeführt.

Auch die Unterschriftensammlungen dienten vor allem dazu, die Kampagne in die Öffentlichkeit zu bringen.[581] Die Menge der gesammelten Unterschriften zeigt, wie präsent Mandela und die Apartheid in der deutschen Öffentlichkeit waren. Bereits 1973 gelang es dem MAKSA und Amnesty International, insgesamt 4000 Unterschriften für die Freilassung Mandelas zu sammeln. Für die Anzeige in der Frankfurter Rundschau fanden sich allein 426 Personen, darunter einige Prominente, als Erstunterzeichner.[582]

Unterschriftenaktionen waren durchgängig ein beliebtes Mittel außerparlamentarischer Gruppen, um dem eigenen Anliegen durch eine

576 Vgl.: O. V.: Aktion »Freiheit für Nelson Mandela«.

577 Freiheit für Nelson Mandela Postkarte mit Unterschriftensammlung an Außenminister Genscher, November 1980. Afas AAB 298 SA. Justiz.

578 Vgl.: Wick: Materialmappe 20 Jahre AAB, S. 35.

579 Vgl.: Unterschriftenaktion des AStA der Gesamthochschule Essen. Afas: AAB. 142. Teil 1.

580 Vgl.: Freiheit für Nelson Mandela! ViSdP Martina Metzger, S. 3. Afas: AAB 142.

581 Vgl.: Brief der AAB Betr.: Internationale Unterschriftenkampagne zur Freilassung Mandelas und aller politischer Gefangener [...] in Südafrika und Namibia. Afas: AAB 142.

582 Vgl.: Freiheit für Nelson Mandela-Zeitungsanzeige, *in:* Wick: Materialmappe 20 Jahre AAB, S. 35.

hohe Zahl von Unterschriften mehr Bedeutung zu geben und somit den Druck auf die Politik zu erhöhen.

Auszeichnungen und Ehrungen

Ein weiteres Mittel, den Druck auf die südafrikanische Regierung zu erhöhen und Mandela gleichzeitig in der deutschen Öffentlichkeit bekannter zu machen, war die Vergabe von Preisen, Auszeichnungen und Ehrungen an ihn und zum Teil auch an seine Frau Winnie Mandela.[583] Wie viele Ehrungen er erhalten hat, ist schwer zu sagen. Er selbst beauftragte im November 2001 den britischen Sozialwissenschaftler Roger Southall damit, dies für ihn herauszufinden.[584] Bei den Ehrendoktorwürden schwanken die Zahlen zwischen 50[585] und mehr als 150.[586] Viele dieser Titel wurden ihm erst nach seiner Freilassung verliehen. Doch bereits in den 1980er-Jahren würdigten ihn einige Universitäten, wie zum Beispiel die Universitäten in Brüssel und Lesotho, mit Ehrendoktorwürden. Die Studentenschaft der Universität in Leeds machte ihn 1964 sogar zu ihrem Ehrenpräsidenten.[587] 1986 schlugen Studenten der Gesamthochschule Essen ihrer Hochschule vor, Mandela die Ehrendoktorwürde zu verleihen.[588] Dieses Anliegen blieb jedoch genauso erfolglos wie der Vorschlag der Buchhändlerin Gesche Erbrich aus dem Jahr 1984, ihm den Friedenspreis des Deutschen Buchhandels zu verleihen.[589] Geehrt wurden Nelson und Winnie Mandela hingegen von der Stadt Bremen, die ihnen am 24. Februar 1988 den vom Senat der Stadt gestifteten BREMER SOLIDARITÄTSPREIS für ihre Verdienste im südafrikanischen Befreiungskampf verlieh. Mit der Vergabe dieses Preises wollte der Senat

[583] Vgl.: Schmidt, Karl: Zum Umdenken bereit, S. 176.

[584] Vgl.: O. V.: Superdoktor Nelson Mandela. Überhäuft mit akademischen Titeln, *in:* Spiegel Online 21.11.2002 – 16:45 Uhr. http://www.spiegel.de/unispiegel/wunderbar/superdoktor-nelson-mandela-ueberhaeuft-mit-akademischen-titeln-a-223827.html (letzter Zugriff: 17.07.2013), und O. V.: Dr. h.c. Nelson Mandela, *in:* FAZ.NET 21.11.2002 http://www.faz.net/aktuell/gesellschaft/menschen-dr-h-c-nelson-mandela-183871.html (letzter Zugriff: 17.07.2013).

[585] Vgl.: Wikipedia http://de.wikipedia.org/wiki/Ehrendoktor (Letzter Zugriff: 17.07.2013).

[586] Vgl.: O. V.: Dr. h.c. Nelson Mandela.

[587] Vgl.: Brief der AAB an den AStA der Universität Essen vom 15.9.1986, betr.: Unterschriftenaktion »Freiheit für Nelson Mandela«. Afas: AAB 143 Teil 1.

[588] Vgl.: Unterschriftenaktion »Freiheit für Nelson Mandela« des AStA der Gesamthochschule Essen. Afas: AAB 143 Teil 1.

[589] Vgl.: Brief von Gesche Erbrich an den Stiftungsrat des Friedenspreises des Deutschen Buchhandels vom 26. Januar 1984. Afas: AAB 143.

seine Solidarität mit ihnen und ihrer Arbeit bekunden.[590] Winnie und Nelson Mandela waren die ersten Träger des Preises, der seitdem alle zwei Jahre verliehen wird und Personen würdigen soll, die sich gegen Kolonialismus und Rassismus sowie für Freiheit und Selbstbestimmung einsetzen.[591] Mit der Vergabe an Winnie und Nelson Mandela sollten sie und alle anderen bestärkt werden, »den Kampf weiterzuführen für Menschenwürde, Freiheit und Gerechtigkeit.«[592] Bürgermeister Klaus Wedemeier schloss seine Rede mit dem Hinweis, die Freilassung Mandelas und aller Gefangenen sei ein Gebot der Menschlichkeit.[593]

Gottesdienste und politische Nachtgebete

Dass ein Großteil der Akteure der Kampagne aus dem kirchlichen Bereich kam, spiegelte sich auch in den Aktionsformen wider. Die Mandela-Aktionsgruppe sah bereits in ihrer Finanzplanung aus dem Jahr 1973 die Ausarbeitung von zwei verschiedenen Gottesdienstentwürfen vor.[594] Am 12. Juni 1975 wurde ein solches politisches Nachtgebet dann auch von Karl Schmidt unter dem Titel »Freiheit für Nelson Mandela! Bekenntnis zur ungefärbten Bruderliebe« durchgeführt.[595] Den Hauptteil bildete ein mit Dias untermalter Vortrag über die Apartheid und ihre Geschichte auf der Grundlage von Mandelas Verteidigungsrede. Dabei wurde auch auf den Widerstand und die Sabotageaktionen des MK eingegangen. Anschließend wurde über die Rolle der Bundesrepublik gesprochen und dabei auch das Kulturabkommen und die wirtschaftlichen Beziehungen thematisiert. Es wurde auch die Frage aufgeworfen, was die Situation in Südafrika die Menschen in Deutschland eigentlich anginge. Dabei wurde an Jesus' »ungefärbte Bruderliebe« erinnert und, dass es Gottes Liebe sei, nicht der Hass, der letzten Endes zum Ziel führe. Nach dem Gottesdienst fand noch eine Gesprächsrunde statt.[596]

Ein weiterer Gottesdienst wurde, wie bereits erwähnt, auf dem

590 Vgl.: Freie und Hansestadt Bremen: Zeichen der Ermutigung. S. 2.

591 Vgl.: Ebd., S. 4. Für weitere Informationen über den Bremer Solidaritätspreis und die bisherigen Preisträger siehe: Homepage der Stadt Bremen, http://www.lafez.bremen.de/sixcms/detail.php?gsid=bremen60.c.1388.de. (letzter Zugriff: 18.08.2014).

592 Vgl.: Freie und Hansestadt Bremen: Zeichen der Ermutigung, S. 22.

593 Vgl.: Ebd.

594 Vgl.: Finanzierungsübersicht für die Aktion »Freiheit für Nelson Mandela!«, 09.06.1973. Afas: MAKSA 2.

595 Vgl.: Schmidt, Karl: Zum Umdenken bereit, S. 106.

596 Vgl.: Ebd., S. 106–108.

Kirchentag in Hamburg 1981 unter dem Titel »ER schafft den Unterdrückten Recht« gefeiert. Auch im Anschluss an diesen gab es eine Gesprächsrunde, die sehr gut besucht war.[597]

Das Material zu den Gottesdiensten wurde immer wieder bei der Aktionsgruppe nachgefragt und von dieser überarbeitet.[598]

Aus der Natur des Gottesdienstes ergibt sich, dass diese Aktionsform nur von Kirchen und kirchlichen Einrichtungen durchgeführt wurde. Die große Beliebtheit dieses Materials zeigte aber, dass gerade dort Mandela und die Apartheid wichtige Themen waren.

Andere Aktionen

Außer den bereits genannten griffen die Apartheidgegner zu vielen weiteren kreativen Aktionsformen, um Mandela in das Bewusstsein der Öffentlichkeit zu bringen. So gab es auch in Deutschland ab den 1970er-Jahren immer wieder kleinere Konzerte von eher unbekannten Gruppen, die Nelson Mandela gewidmet und mit der Forderung nach seiner Freilassung verbunden waren. Etwas größer war das »Concert for a Friend« in der Hamburger Musikhalle am 23. Januar 1985. Die Musiker widmeten dieses Jazzkonzert Nelson Mandela.[599] Gerade zu seinem 70. Geburtstag fanden weitere Konzerte statt, zum Beispiel am 16. Juli 1988 in Frankfurt unter dem Titel »Jazz gegen Apartheid«.[600]

Das Geburtstagskonzert im Londoner Wembley-Stadion vom 11. Juni 1988 wurde im deutschen Fernsehen in allen dritten Programmen zehn Stunden lang übertragen.[601] Es wurde dabei selbst zum Politikum, da der BR das Konzert, anders als alle anderen Programme, nur gekürzt zeigte und die Moderation nicht einfach übersetzte, sondern selbst kommentierte und dabei vor allem auf die Gewaltanwendungen des ANC hinwies und erklärte, Mandela könne längst wieder in Freiheit sein, wenn er nur der Gewalt abschwören würde.[602] Die Kürzungen wurden damit begründet, dass es sich nach Meinung des Senders um eine Sympathisantenveranstaltung für den ANC handele.[603]

597 Vgl.: Tätigkeitsbericht für die Mandela-MV am 20.03.1982 in Stuttgart gez. Karl Schmidt, S. 1. Afas: AAB 87.

598 Vgl.: Aktionsgruppe »Freiheit für Nelson Mandela (Südafrika)!« e.V. Protokoll der Mitgliederversammlung am 20. März 1982 in Stuttgart, S. 1. Afas: AAB 87.

599 Vgl.: O.V.: Jazzer spielen für Nelson Mandela, *in:* DER SPIEGEL 4/1985, S. 134.

600 Vgl.: O.V.: Anti-Apartheid. Aktionen, *in:* taz vom 15.7.1988, S. 5.

601 Vgl.: O.V.: Rockfernsehfestival, *in:* FAZ, 30.05.1988, S. 28.

602 Vgl.: Koch, Luitgard: Anpinkeln im Rundfunk, *in:* taz, 25.06.1988, S. 5.

603 Vgl.: Wiegand, Wilfried: Geburtstagsgruß für Mandela, *in:* FAZ, 13.06.1988, S. 28.

Neben Konzerten gab es auch Filmvorführungen. Dabei wurden Filme über Mandela oder den Kampf gegen die Apartheid in Gemeindehäusern oder ähnlichen kleineren Orten gezeigt.

Andere Aktionsformen waren zum Beispiel die temporären Umbenennung von Straßen oder öffentlichen Plätzen nach Nelson Mandela, wie 1979 der Lüderitz-Straße in Bremen[604] oder des Kaiserplatzes in Bonn und der Rheinstraße in Darmstadt, beide am 18. Juli 1988.[605] In Bonn wurde darüber hinaus der Antrag gestellt, einen Platz dauerhaft in Nelson-Mandela-Platz umzubenennen. Dieser wurde jedoch abgelehnt.[606]

Es kam auch vor, dass Mandela als Redner für verschiedene Veranstaltungen offiziell eingeladen wurde.[607] Mit diesen Einladungen wurde vor allem versucht, Druck auf die südafrikanische Regierung auszuüben und deutlich zu machen, wie sehr Mandela im Ausland geschätzt wurde.

Ein etwas radikaleres Mittel nutzten Delegierte zu den 12. Weltfestspielen der Jugend und Studenten. Am 23. Juli 1985 besetzten sie das Reisebüro SARTOUR in Frankfurt. In ihrer Presseerklärung forderten sie, dass Mandela aus dem Gefängnis entlassen werde, und luden ihn direkt als Ehrengast zu den Weltfestspielen ein.[608]

Insgesamt ist den angewandten Aktionsformen eines gemeinsam: Ihr Hauptziel war die Schaffung eines öffentlichen Bewusstseins für die Apartheid in Südafrika. Mit unterschiedlichen Hintergründen nutzten die verschiedenen Akteure Mandela meist als Schlüsselfigur, um über ihn ihre verschiedenen Schwerpunkte in die Öffentlichkeit zu tragen. Große Unterschiede in den genutzten Aktionsformen gab es dabei kaum. Außer den Gottesdiensten, die nur von kirchlichen Gruppen und Kirchengemeinden durchgeführt wurden, wurden alle Aktionsformen in der einen oder anderen Weise von fast allen Akteuren eingesetzt. Sie unterscheiden sich auch nicht von denen, die für andere Kampagnen in dieser Zeit verwendet wurden.

604 Vgl.: Bacia; Leidig: »Kauft keine Früchte aus Südafrika!«, S. 149.

605 Vgl.: O. V.: Anti-Apartheid. Aktionen, *in:* taz vom 15.7.1988 S. 5 und O. V.: Mandela in Darmstadt, *in:* taz vom 19.07.1988, S. 2.

606 Vgl.: O. V.: Kommunen gegen Apartheid, *in:* taz, 24.01.1989, S. 5.

607 Vgl.: Schmidt, Karl: Zum Umdenken bereit, S. 115.

608 Vgl.: Presseerklärung Arbeitskreis Festival Kaiserplatz 3, 5300 Bonn 1, vom 23.07.1985. Afas: AAB 87.

5.3 Darstellungen

Das folgende Kapitel soll sich damit beschäftigen, wie Nelson Mandela im Rahmen der »Freiheit für Nelson Mandela«-Kampagne dargestellt wurde. Dabei werden Briefe und Veröffentlichungen aus der Kampagne untersucht.

Mandela – der Mensch

In den Veröffentlichungen wurde nur selten auf Mandelas Kindheit und Jugend eingegangen. Geschah dies dennoch gelegentlich, standen meist seine Herkunft als Sohn eines Häuptlings und sein hoher Bildungsstand im Vordergrund.[609] Über sein Privatleben wurde lediglich berichtet, dass er mit seiner Frau Winnie zwei Kinder hatte, jedoch nur zwei Jahre mit ihr zusammenleben konnte, da er, nachdem er sich 1961 entschieden hatte, in den Untergrund zu gehen, nie wieder zu Hause gewesen war.[610] Es scheint, dass mit diesem Hinweis auch die persönlich-familiären Gefühle der Adressaten angesprochen werden sollten.

Vom MAKSA wurde Mandela »in seinem politischen Denken und Handeln«[611] als Nachfolger des Friedensnobelpreisträgers und langjährigen ANC-Präsidenten Albert Luthuli präsentiert. Häufig taucht in diesem Zusammenhang das Luthuli-Zitat auf, in dem er über Mandela und die anderen im Rivonia-Prozess Verurteilten sagte:

> »Sie vertreten das höchste an Moral und Ethik im politischen Kampf in Südafrika, und deshalb sind diese Moral und Ethik zu einer Einkerkerung, verurteilt, die sie nicht überleben lässt. Die Politik dieser Männer stimmt mit den tiefsten Prinzipien internationaler Brüderlichkeit und Menschlichkeit überein, ohne ihre Führung mag Brüderlichkeit und Menschlichkeit aus Existenz und Vernunft herausgebrochen sein, wenn sie eingeschlossen sind, verschwinden Gerechtigkeit und Vernunft von der südafrikanischen Szenerie. Dies ist ein Aufruf, diese Männer zu retten, nicht nur als einzelne, sondern für das, für was sie stehen.«[612]

Mandela wurde oft als sehr aufrecht, stolz und selbstbewusst beschrieben. Bei einer Gesprächsrunde im Anschluss an das politische Nachtgebet vom 12. Juni 1975 berichtete James Marsh, ein ehemaliger Mitgefangener Mandelas: »Wo Mandela ist, da ist Mandela-Universität – auch

[609] Vgl.: Freiheit für Nelson Mandela! ViSdP Martina Metzger, S. 3. Afas: AAB 142.
[610] Vgl.: Ebd.
[611] Brief vom MAKSA an die Kirchenleitung der ev. Kirche im Rheinland, Herrn Oberkirchenrat Schröder vom 25.4.1973.
[612] Ebd., und Schmidt, Karl: Zum Umdenken bereit, S. 100–101.

im Gefängnis! Da wird aufrechtes Gehen gelernt. Auch die Gefängniswärter lernen da Respekt.«[613]

Auch Karl Schmidt stellte ihn als überragende Persönlichkeit dar.[614] In dem auf dem Kirchentag 1973 komponierten und getexteten Mandela-Lied von Karl Schmidt wird ein geradezu messianisches Bild von Mandela gezeichnet. So lautet die dritte Strophe: »Mandela, du lebtest für andere. Du leidest nun auch für sie. Du trägst für sie Fesseln und Bande. Doch frei werden sollen auch sie.«[615] Dieser Text, gemeinsam mit den Hallelujas des Refrains, weckt eine starke Assoziation zum Leben Jesu, der für die Menschen gelitten hat, damit diese frei würden. Immer wieder wurde auch Mandelas christlicher Glaube hervorgehoben.[616]

In den späten 1980er-Jahren, als die ersten ausländischen Journalisten Mandela besuchen durften, wurde häufig das Bild eines großmütigen Idealisten gezeichnet, der auch nach so langer Haft und Unterdrückung keine Verbitterung zeige und nach wie vor an seinen Träumen festhielte und bereit sei, für diese zu kämpfen.[617]

Neben seinen persönlichen Stärken wurde Mandela auch immer wieder als »einer der fähigsten schwarzen Politiker Südafrikas« bezeichnet.[618] Mandela wurde dabei oft als berühmtester,[619] populärster[620] oder beliebtester[621] Gefangener Südafrikas bezeichnet, wodurch sich dieses Bild immer mehr verfestigte, was sich vor allem in Presseartikeln widerspiegelte.[622] Es hieß Mandela, stünde »wie kein anderer für alle unter

[613] Schmidt, Karl: Zum Umdenken bereit, S. 108.

[614] Vgl.: Ebd., S. 176.

[615] MANDELA-LIED. Afsa: AAB 143 Teil 2. Der Text des Liedes ist auch abgedruckt *in:* Schmidt, Karl: Zum Umdenken bereit, S. 104.

[616] Vgl.: Brief von Karl Schmidt an den Herrn Landesbischof Dr. H. Class vom 12.2.1973, S. 3. Afas: MAKSA 2, und Lucius, Robert von: Mythos des schwarzen Südafrikas, *in:* FAZ, 18.07.1988, S. 8.

[617] Vgl.: Hopf, Anton: Freiheit für Nelson Mandela, *in:* informationsdienst südliches afrika 4, 88, S. 14–15.

[618] Vgl. u.a.: Brief von Michael Vesper an die Gruppen des Aktionskomitees vom 15.06.1973. Afas: MAKSA 2; Satzung der Aktionsgruppe »Freiheit für Nelson Mandela«, *in*: Schmidt, Karl: Zum Umdenken bereit, S 105–106.

[619] Vgl.: Apartheid – ein System, das politische Gefangene produziert. Bericht von einer Tagung »Politische Gefangene in Südafrika« der Ev. Akademie Bad Boll vom 6.–8. Mai 1977. Verfasst von Karl Schmidt am 10. Mai 1977. Afas: AAB 298 SA Justiz.

[620] Vgl. u.a.: Freiheit für Nelson Mandela! V.i.S.d.P. Martina Metzger, S. 1. Afas: AAB 142.

[621] Vgl. u.a.: Nelson Mandela – Der Welt beliebtester Gefangener, *in:* Lutherische Welt-Information 20/85. Afas: AAB 142.

[622] Siehe Kap. 5.4.

dem Apartheidregime verurteilten politischen Gefangenen, Gebannten und Unterdrückten«[623]. Außerdem verkörpere er die »Sehnsucht aller friedliebende[n] Menschen der Welt nach Befreiung von Rassendiskriminierung und Unterdrückung«.[624]

1988 sagte der Bremer Bürgermeister Wedemeier über Mandela, es gäbe »kein schwarzes Kind, das seinen Namen nicht«[625] kenne, und auch keinen Weißen, der nicht wisse, wer er sei. Er sei »in Südafrika immer und überall gegenwärtig«.[626]

Auch die Rolle, die Mandela für die südafrikanische Regierung spielte, wurde als sehr bedeutend dargestellt, wenn von ihm als dem »Angeklagten Nr. 1«[627] gesprochen wurde. Gleichzeitig wurde die Situation der Regierung als sehr fatal dargestellt: Sollte Mandela im Gefängnis sterben, würde das in der Bevölkerung und im Ausland große Kräfte gegen die südafrikanische Regierung freisetzen. Sollte man ihn freilassen, würde es das jedoch ebenfalls und gleichzeitig die Erwartungen nach einem Ende der Apartheid schüren.

Mandela und seine Rolle im ANC

Immer wieder wurde Nelson Mandela bei verschiedenen Aktionen innerhalb der Kampagne als Führer des ANC betitelt.[628] Teilweise wurde er als *populärster Führer*[629] des ANC bezeichnet. Dies verweist darauf, dass Mandela einer von mehreren Anführern des ANC war. Es gab jedoch auch immer wieder Texte, in denen Mandela als *der Führer* des ANC bezeichnet wurde,[630] was ihn als den einzigen Führer erscheinen ließ und andere wichtige Persönlichkeiten wie den Exilpräsidenten Oliver Tambo übersah. Auch die Bezeichnung als »Angeklagter Nr. 1«

[623] Freiheit für Nelson Mandela-Postkarte. Afas: AAB 143 Teil 2.

[624] Freiheit für Nelson Mandela-Zeitungsanzeige, *in:* Wick: Materialmappe 20 Jahre AAB, S. 35.

[625] Freie und Hansestadt Bremen: Zeichen der Ermutigung, S. 12.

[626] Ebd.

[627] Schmidt, Karl: Zum Umdenken bereit, S. 106.

[628] Vgl.: Unterschriftenaktion des AStA der Gesamthochschule Essen. Afas: AAB. 143. Teil 1; Brief von Gesche Erbrich an den Stiftungsrat des Friedenspreises des Deutschen Buchhandels vom 26.01.1984. Afas: AAB 143.

[629] Vgl.: Erklärung von Ingomar Hauchler zu dem Appell an Ministerpräsident Botha vom 16.07.1981. Afas: AAB 143.

[630] Vgl. u.a.: Einladungsschreiben des MAKSA zur AKTION FREIHEIT FÜR NELSON MANDELA. Afas: MAKSA. 2.

hob seine Stellung innerhalb des südafrikanischen Befreiungskampfes hervor. Es wurde jedoch nie erklärt, wie es zu dieser überragenden Bedeutung kam oder was Mandela derart hervorhob.

Mitunter wurde Mandela auch zum »wichtigsten Führer Südafrikas«[631] ernannt und der ANC als *die* südafrikanische Befreiungsbewegung dargestellt[632] oder sogar mit der gesamten schwarzen Mehrheit gleichgesetzt. Hildegard Lenz schrieb in einem Leserbrief in der FAZ vom November 1980: »Als Führer und Symbol ihres Freiheitskampfes wird von den Schwarzen aller Schichten und Bevölkerungsgruppen allein Nelson Mandela anerkannt.«[633] Der CDU-Bundestagsabgeordnete Volkmar Köhler sagte nach Mandelas Freilassung: »Endlich ist Nelson Mandela frei. Wir beobachten mit angespanntem Interesse, wie er sich bemüht, die verschiedenen Gruppierungen der von ihm repräsentierten schwarzen Mehrheit zu einheitlichen politischen Linien hinzuführen.«[634] Dadurch entstand das Bild, Mandela sei der Repräsentant aller schwarzen Südafrikaner. Sämtliche politischen Differenzen innerhalb der schwarzen Mehrheit Südafrikas wurden dabei übersehen. Dahingegen nannte u. a. Irene Mkwayi, Ehefrau des ebenfalls zu lebenslanger Haft verurteilten ANC-Mitglieds Wilton Mkwayi, Mandela in ihrer Rede anlässlich der Vergabe des BREMER SOLIDARITÄTSPREISES nur als einen unter mehreren Führern, und das noch nicht einmal an erster Stelle.[635]

[631] Freiheit für Nelson Mandela-Postkarte. Afas: AAB 143 Teil 2; Vgl. auch: Anschreiben der AAB, Betr.: Internationale Unterschriftenkampagne zur Freilassung Nelson Mandelas und aller politischer [...] Gefangener in Südafrika und Namibia. Afas: AAB 142.

[632] Vgl.: Unterschriftenaktion des AStA der Gesamthochschule Essen. Afas: AAB. 143. Teil 1. Dort heißt es, Nelson Mandela sei »der Führer der südafrikanischen Befreiungsbewegung, dem ›African National Congress‹ (ANC)«.

[633] Lenz, Hildegard: Für wen arbeiten wir in Südafrika?, *in:* FAZ, 10.11.1980, S. 10. Vgl. auch: Ws: Honecker empfängt den ANC-Präsidenten, *in:* FAZ, 29.08.1984, S. 5; dort heißt es, Mandela sei »das Idol der schwarzen Bevölkerung«.

[634] Der Deutsche Bundestag: Plenarprotokoll 11/202, S. 15761.

[635] Vgl.: Freie und Hansestadt Bremen: Zeichen der Ermutigung, S. 2.

Mandela – der Friedensbringer

Mandela wurde als »entschiedener Kämpfer gegen Apartheid und für den Frieden«[636] bezeichnet. In der Regel wurde dabei nicht weiter definiert, ob es sich um den Frieden in Südafrika oder den Frieden in der Welt handelte beziehungsweise was überhaupt als Frieden verstanden wurde.

Die Freilassung Mandelas und anschließende Verhandlungen zwischen dem ANC, mit ihm an der Spitze, und der Regierung wurden häufig als einzige Möglichkeit beschrieben, eine Eskalation der Gewalt in Südafrika zu verhindern. Die Aktionsgruppe »Freiheit für Nelson Mandela« schrieb in ihrer Finanzierungsübersicht vom Juni 1973: »Kommt es nicht dazu, […] ist eine ‚Eskalation der Gewalt' von Seiten der Unterdrücker wie der Unterdrückten […] ‚unausweichlich'.«[637] Auf einer Postkarte hieß es 1980: »Je früher Mandela und seine Mitstreiter als Verhandlungspartner akzeptiert werden, desto unblutiger wird sich der Übergang von der weißen Minderheitsherrschaft zu gleichberechtigter Partnerschaft und einer demokratischen Mehrheitsregierung vollziehen.«[638] Auch in einem Infoblatt über Mandela wurde verkündet: »Ein freies und unabhängiges Südafrika ist undenkbar ohne das Mitwirken Mandelas und seiner Mitgefangenen.«[639]

Der deutsche Außenminister Genscher äußerte die Befürchtung, dass, wenn nicht jetzt mit Mandela, Tambo oder Buthelezi verhandelt würde, bald nur noch radikalere Verhandlungspartner zur Verfügung stünden.[640] Diese Einstellung vertraten auch andere Politiker wie zum Beispiel Willy Brandt.[641]

Günter Verheugen sagte am 15. März 1990, also nach Mandelas Freilassung, im Bundestag: »Es hat sich herausgestellt, daß diejenigen recht gehabt haben, die gesagt haben, den Schwarzen in Südafrika steht mit Nelson Mandela ein wirklicher Führer im besten Sinne des Wortes zur Verfügung, und den Weißen in Südafrika steht mit Nelson Mandela der einzige zur Verfügung, der genug Autorität hat, um den Haß, der sich in vielen Jahren aufgestaut hat, abbauen zu können und eine fried-

[636] Der Deutsche Bundestag: Plenarprotokoll 10/73, S. 5255.

[637] Finanzierungsübersicht für die Aktion »Freiheit für Nelson Mandela!«, 09.06.1973. Afas: MAKSA 2.

[638] Freiheit für Nelson Mandela-Postkarte. Afas: AAB 143 Teil 2.

[639] Freiheit für Nelson Mandela! ViSdP Martina Metzger, S. 1. Afas: AAB 142.

[640] Vgl.: Der Deutsche Bundestag: Plenarprotokoll 10/222, S. 17131.

[641] Vgl.: Der Deutsche Bundestag: Plenarprotokoll 10/232, S. 17961.

liche Lösung zu erreichen.«[642] In dieser Aussage ist ganz deutlich die Vorstellung von der Allmacht Mandelas zu erkennen, wenn sie auch leichte Einschränkungen erfuhr, als Verheugen im Weiteren von einer jungen, radikaleren Generation sprach, die auch Mandela nicht für alle Zeit würde führen können.[643]

Mandela und die Gewalt

Ein schwieriges Thema war die Frage der Gewalt. Mandela hatte sich intensiv für die Aufnahme des bewaffneten Kampfes eingesetzt, den MK mitbegründet und in seiner Verteidigungsrede die Anwendung von Gewalt verteidigt. Dies bot immer wieder Anlass zur Kritik an seiner Person, aber auch an denjenigen, die sich für ihn einsetzten.[644] Wie bereits erwähnt, führte seine Position zur Gewaltanwendung bei Amnesty International sogar dazu, dass die Adoption zurückgezogen wurde. Die Gruppen, die sich für Mandela einsetzten, waren somit gezwungen, sich in irgendeiner Form gegenüber der Anwendung von Gewalt durch den ANC zu positionieren und, wenn sie Mandela weiter unterstützen wollten, diese irgendwie zu legitimieren.

Vom MAKSA wurde in diesem Zusammenhang ein Zitat von Arthur Michael Ramsey, dem Erzbischof von Canterbury, vorgebracht:

> »Die Männer waren der Sabotage schuldig und anderer Verstöße gegen das Gesetz, wie es besteht, aber ihre Handlungen waren von ihrem Gewissen bestimmt. [...] Wenn er [Nelson Mandela, M. M.] vor dem Gesetz schuldig ist, so gehört die Schuld vor Gott in den Bereich der Politik, die durch dieses Gesetz durchgeführt wird. Ideal und Praxis der Apartheid stehen im Gegensatz zum göttlichen Gesetz der Beziehung zwischen den Menschen, die unabhängig von ihrer Hautfarbe als Ebenbilder Gottes geschaffen sind.«[645]

Die hohe kirchliche Position Ramseys und seine Argumentation über den Bruch göttlichen Gesetzes durch die Apartheid verliehen seiner Aussage und Legitimierung der Gewalt des ANC, vor allem gegenüber kirchlichen Kritikern, eine besondere Autorität.

Von der Mandela-Aktionsgruppe wurde gerade in der Anfangszeit auch auf Artikel 20, Absatz 4, des deutschen Grundgesetzes verwie-

[642] Der Deutsche Bundestag:Plenarprotokoll 11/202, S. 15763.
[643] Vgl.: Ebd.
[644] Vgl.: Schmidt, Karl: Zum Umdenken bereit, S. 98.
[645] Brief vom MAKSA an die Kirchenleitung der ev. Kirche im Rheinland, Herrn Oberkirchenrat Schröder, vom 25.4.1973. Afas: MAKSA 3.

sen, in dem es heißt: »Gegen jeden, der es unternimmt, diese Ordnung [die nach dem GG verfassungsmäßige, M.M.] zu beseitigen, haben alle Deutschen das Recht zum Widerstand, wenn andere Abhilfe nicht möglich ist.« Die im deutschen Grundgesetz verankerten Grundrechte sollten auch den Menschen in anderen Teilen der Welt zugebilligt werden. Mandela, so die Argumentation, habe keine legale Möglichkeit des Widerstandes.[646] In einem späteren Informationsfaltblatt der AAB hieß es, nach dem »Blutbad von Sharpeville« und dem Verbot aller schwarzen politischen Organisationen habe Mandela keine Möglichkeit mehr gesehen, »dem Terror der weißen Minderheitsregierung ohne Gegengewalt zu begegnen«.[647] Wenn sich die westlichen Staaten nicht schnell für die Unterdrückten in Südafrika einsetzten, müssten diese »den Weg der Gewalt weitergehen«.[648]

In einem Artikel des informationsdiensts südliches afrika hieß es außerdem, Gewalt sei nicht gleich Gewalt. Es käme ganz darauf an, wer sie zu welchem Zweck ausübe. Die Christen könnten nicht immer nur vom Frieden träumen, sie müssten sich vielmehr den Kämpfen um Frieden und Gerechtigkeit stellen. Wenn es keinen anderen Weg mehr gäbe, könnten die Kämpfer gezwungen sein, Gegengewalt als letztes Mittel anzuwenden, um sie doch noch zu erreichen.[649]

Der Bremer Bürgermeister Klaus Wedemeier ging in seiner Rede anlässlich der Verleihung des BREMER SOLIDARITÄTSPREISES ebenfalls auf Mandelas Rolle beim MK ein. Zunächst schilderte er, wie Mandela sich im Juni 1961 mit anderen Führern des Widerstandes getroffen und dort gemeinsam mit ihnen die Gründung einer militärischen Organisation beschlossen habe.[650] Auch er unterstrich, dass Gewalt als Mittel in politischen Auseinandersetzungen prinzipiell inakzeptabel sei. Die Situation in Südafrika sei jedoch anders, denn »wir würden uns [...] zu Handlangern eines Terrorregimes degradieren, wenn wir von den unterdrückten Menschen in Südafrika verlangen, daß sie Gewalt erdulden sollen, ihre Antwort aber ausschließlich fried-

646 Vgl.: Schmidt, Karl: Zum Umdenken bereit, S. 98.

647 Schmidt, Karl: Anti-Apartheid-Bewegung in der Bundesrepublik Deutschland und West-Berlin e.V.: Freiheit für Nelson Mandela, Stuttgart 11. Juni 1980, S. 2.

648 Ebd., S. 3.

649 Vgl.: Weinbrenner, Birgit; Weinbrenner, Dietrich: Unterwerfung oder Kampf. Zum 20. Jahrestag von Umkonto we Sizwe, *in:* informationsdienst südliches afrika 11/12, 81, S. 16–17.

650 Vgl.: Freie und Hansestadt Bremen: Zeichen der Ermutigung, S. 14.

lich sein müsse«.[651] Später verwies er darauf, dass es sich bei den Aktionen des MK um reine Sabotageakte gehandelt habe und die Kämpfer die strikte Anweisung gehabt hätten, niemanden zu verletzen oder gar zu töten.[652] Auf die Frage, wie der Senat der Stadt Bremen solche Gewalt unterstützen könne, antwortete Wedemeier, der Senat verurteile jede Gewalt gegen Menschen, sehe die Ursprünge dieser aber in der Apartheidpolitik und nicht bei den Widerstandskämpfern.[653]

Vonseiten der Kampagne wurde die Gewaltanwendung des ANC, und damit die Mandelas, also als reine Gegengewalt oder Notwehr dargestellt.

In der katholischen Zeitschrift »dz-info 3. Welt« ist in einem Kommentar zu lesen: »Mandela trat stets für Gewaltlosigkeit und Gleichberechtigung ein, auch als Führungsmitglied des Afrikanischen National Kongresses (ANC).«[654]

Allgemein fällt auf, dass viele Beschreibungen Mandelas vor allem auf Behauptungen basierten, die nicht genauer erklärt wurden. Es wurden Thesen über seine Bedeutung in Südafrika aufgestellt, die weder belegt noch begründet wurden. Die einzigen angeführten Belege waren Aussagen in südafrikanischen Zeitungen oder in ANC-Materialien, die indes auch selten eine Erklärung für Mandelas Bedeutung lieferten.

5.4 Kritik an der Kampagne

Abschließend soll untersucht werden, wie die »Freiheit für Nelson Mandela«-Kampagne innerhalb und außerhalb der Solidaritätsbewegung aufgenommen und wie auf verschiedene Aktionen reagiert wurde.

Innerhalb der Solidaritäts- und Friedensbewegung wurde die einseitige Konzentration auf die Person Nelson Mandelas relativ häufig kritisiert, wie zum Beispiel von Amnesty International[655] und dem

651 Freie und Hansestadt Bremen: Zeichen der Ermutigung, S. 14.
652 Vgl.: Ebd., S. 16.
653 Vgl.: Ebd., S. 18.
654 Soénius, Ulrich S.: Kommentar: Südafrika Freiheit für Nelson Mandela!, in: dz-info 3 (1984) S. 33f.
655 Vgl.: Brief von Amnesty International an Markus Braun vom 20.06.1973. Afas: MAKSA 2.

AKAFRIK – Aktionskomitee Afrika. Letzteres kritisierte in einem Schreiben vom 1. November 1984 die Reduzierung der Problematik der politischen Gefangenen auf eine einzige Person. Es hätten sich bei Diskussionen Bedenken breitgemacht »bezüglich eines möglichen Personenkults um Nelson Mandela. [...] In der Öffentlichkeit [könne] die Vorstellung entstehen, Nelson Mandela sei der einzige und unumstrittene Führer des südafrikanischen azanischen[656] Volkes. [...] Die Vielfalt der Bewegungen in Zahl und Form [...] macht es u.E. unmöglich, daß eine Gruppe mit Alleinvertretungsanspruch allen unterschiedlichen Interessen gerecht wird.«[657] Deshalb baten sie die AAB, diese Bedenken bei ihren weiteren Planungen zu berücksichtigen. Auch vonseiten des ANC wurde diese Einseitigkeit anfangs kritisch betrachtet. So bat die ANC-Vertreterin Frau Dr. Dyinwala auf einer Tagung in Bad Boll im Mai 1977 darum, dass nicht nur einzelnen politischen Gefangenen geholfen werden sollte, sondern der ganzen »eingekerkerten Gesellschaft Südafrikas«.[658]

In einem Leserbrief in der taz vom 20. Februar 1990, kritisierte Frank Schürer die Berichterstattung der taz über Mandela und seine Freilassung. Die einseitige Konzentration auf ihn und die Formulierung, es handele sich um »Mandelas Kampf«, führe zu einem Personenkult, der ungerechtfertigt sei und die vielen Menschen, die für Mandelas Freilassung gekämpft hätten, außen vor lasse.[659] Die Vergabe des BREMER SOLIDARITÄTSPREISES an Winnie und Nelson Mandela 1988 wurde hingegen von Irene Mkwayi gelobt, weil diese Solidarität den unterdrückten Südafrikanern sehr helfe.[660]

Wie die Nelson Mandela-Kampagne in der nicht engagierten Öffentlichkeit aufgenommen wurde, ist nur schwer nachzuvollziehen. Einen Hinweis können jedoch die Reaktionen auf die Weihnachtsansprache von Bundespräsident Richard von Weizsäcker aus dem Jahr 1985 geben. In dieser Ansprache hatte er, wie bereits erwähnt, die Freilassung Mandelas gefordert. Darauf erhielt er etwa 100 Briefe, die sich auf diesen Teil seiner Rede bezogen (von insgesamt etwa 400 Zuschriften).

[656] »Azania« ist ein antiker Begriff für die Region südlich der Sahara.

[657] Brief des AKAFRIK an die AAB vom 1. 11. 1984. Afas: AAB. 87.

[658] Bericht von einer Tagung »Politische Gefangene in Südafrika« der Ev. Akademie Bad Boll vom 6.–8. Mai 1977, gez. Karl Schmidt, S. 3. Afas: AAB 298 SA. Justiz.

[659] Vgl.: Schürer, Frank: Aufrechter Gang-betr.: »Mit Mandela in den nationalen Dialog«, taz vom 12.2.1990, *in:* taz, 20.02.1990, S. 18.

[660] Vgl.: Freie und Hansestadt Bremen: Zeichen der Ermutigung, S. 28.

Etwa ein Drittel der Absender soll sich laut eines Zeitungsartikels positiv dazu geäußert haben, zwei Drittel lehnten diese Forderung ab.[661] Dies lässt darauf schließen, dass die Forderung nach Mandelas Freilassung von einem erheblichen Teil der Bevölkerung abgelehnt wurde. Die Internationale Gesellschaft für Menschenrechte in Frankfurt (IGfM) warnte sogar die Mitglieder des deutschen Bundestages in einem offenen Brief vom Juli 1989 davor, sich für Mandela einzusetzen, da dieser eventuell deutsche Terroristen unterstützen könnte, wenn er an die Macht käme.[662]

Im Allgemeinen wurde die Kampagne aber wohl eher positiv aufgenommen. Bundespräsident Heinemann ließ zum Beispiel durch das Auswärtige Amt mitteilen, dass er sehr an der Gründung der Mandela-Aktionsgruppe interessiert sei.[663] In einem Brief vom 2. September 1980 schrieb außerdem der Bundestagsabgeordnete Norbert Gansel, dass die Arbeitsgruppe ›Südliches Afrika‹ der SPD-Bundestagsfraktion, »veranlaßt durch die Aktion ‚Freiheit für Nelson Mandela'«[664], Bundeskanzler Helmut Schmidt gebeten habe, »sich für die Freilassung von Nelson Mandela einzusetzen«.[665]

Ein Jahr später schrieb Martin Held, stellvertretend für den badischen Landesbischof Klaus Engelhardt, einen Antwortbrief auf die Postkartenaktion der Mandela-Aktionsgruppe. Dort versicherte er der Absenderin der Karte, dass Herr Engelhardt einen Brief an Botha verfassen und sich für Mandela einsetzen wolle. Außerdem gab Held der Freude des Landesbischofs darüber Ausdruck, dass es immer wieder Menschen gäbe, »die sich für Menschen in anderen Rassen und Völkern«[666] einsetzten. Gemeinsam wolle man darauf hoffen und auch dafür beten, dass Mandela doch eines Tages wieder frei sein werde.[667]

Die starke Präsenz, die Mandela in den Medien hatte, lässt außerdem darauf schließen, dass das öffentliche Interesse an Mandela sehr groß

661 Vgl.: Lucius, Robert von: Bonn will gemäßigte Mitte in Südafrika unterstützen, *in:* FAZ, 29.01.1986, S. 5.

662 bg: Eine antikommunistische Gründung, *in:* taz, 27.07.1989, S. 10.

663 Vgl.: Schmidt, Karl: Zum Umdenken bereit, S. 95–96.

664 Brief von Norbert Gansel (i.A. Elke Dittmar) an Helga Strücker-Coppik betr. ›Freiheit für Nelson Mandela‹ vom 2. Sept. 1980. Afas: AAB 298 SA. Justiz.

665 Ebd.

666 Brief von Martin Held, an Bethina Krieg vom 06.08.1981. Afas: AAB 298, SA Justiz.

667 Vgl.: Ebd.

war. So liefen in den Kinos Filme, wie etwa Lionel Ngakanes »Nelson Mandela – Der Kampf ist mein Leben«.[668]

Aber auch die ARD strahlte einen Film von Ebbo Demants mit dem Titel »Freiheit für Nelson Mandela« aus.[669] Der SWR III sendete seine Dokumentation »Nelson Mandela« sogar zur besten Sendezeit am Freitagabend um 20.15 Uhr.[670] Auch dass es Amnesty International gelang, Sendungen über die Apartheid im WDR, NDR und HR über Südafrika zu platzieren, zeigt, dass die Sender bei diesem Thema mit einer hohen Einschaltquote rechneten.

Mandelas herausragende Popularität wird auch in mehreren Presseartikeln vom 10. Dezember 1988 deutlich. Darin wurde berichtet, dass die UN-Vollversammlung zum 40. Jahrestag der Allgemeinen Erklärung der Menschenrechte sechs Menschenrechtspreise verliehen habe. Nelson und Winnie Mandela sind jedoch die einzigen Preisträger, die namentlich genannt wurden.[671] Schon in der Berichterstattung über den Rivonia-Prozess 1963–1964 war Mandela besonders hervorgehoben worden. Neben ihm wurden nur noch Walter Sisulu und der freigesprochene Lionel Bernstein namentlich erwähnt. Die anderen Angeklagten wurden lediglich als Mandelas Gefährten oder Mitangeklagte bezeichnet.[672] Es wurde ausschließlich über die Vorwürfe gegen Mandela berichtet und wie er sich während der Verhandlungen verhalten hatte.[673] Erst einige Tage nach der Verurteilung nannte die FAZ außerdem noch Govan Mbeki, wobei sich die Überschrift des Artikels ebenfalls nur auf Mandela bezog.[674] Mehrfach wurde er außerdem zum Vorsitzenden des ANC gemacht.[675]

[668] O. V.: Horizont mit Gittern, *in:* FAZ, 30.06.1986, S. 33.

[669] Ebbo Demants: »Freiheit für Nelson Mandela«, Erstausstrahlung ARD 13.01.1986, 21.15 Uhr, Wh.: 15.11.1986, 13.45 Uhr.

[670] Nelson Mandela, Südwest III, 23.05.1986, 20.15 Uhr.

[671] Vgl.: O. V.: UN-Vollversammlung verleiht sechs Menschenrechtspreise, *in:* FAZ, 10.12.1988, S. 6; O. V: UNO-Menschenrechts-Preis für die Mandelas, *in:* taz, 10.10.1988, S. 7. Die anderen Preisträger waren: Murlidhar Devidas Amte, John Peters Humphrey, Adam Łopatka, Leonidas Eduardo Proaño Villalba.

[672] Vgl.: O. V.: Südafrika lehnt den UN-Appell ab, *in:* FAZ, 15.10.1963.

[673] Vgl.: O. V.: Hochverratsprozeß in Südafrika, *in:* FAZ, 10.10.1963, S. 1; O. V.: Südafrika lehnt den UN-Appell ab, *in:* FAZ, 15.10.1963, S. 4; O.V.: Sabotageprozeß in Südafrika, *in:* FAZ, 30.10.1963, S. 3; O. V.: Acht Schuldsprüche im Sabotage-Prozeß in Pretoria, *in:* 12.06.1964, S. 3, und O. V.: Achtmal lebenslänglich im Sabotageprozeß in Südafrika, *in:* FAZ, 13.06.1964, S. 3.

[674] Vgl.: HJK: Mandela verzichtet auf Berufung, *in*: FAZ, 27.06.1964, S. 3.

[675] Vgl. u. a.: Nt: Nelson Mandela, *in:* FAZ, 10.04.1982, S. 10 und O. V.: Südafrikas Justizminister kündigt Freilassung Mandelas an, *in:* FAZ, 24.01.1990, S. 1.

Besonders interessant sind in diesem Zusammenhang zwei Zeitungsartikel: einer im SPIEGEL aus dem Jahr 1971 und einer in der FAZ von 1980. In beiden Fällen wurde Mandela als ehemaliger Präsident des ANC bezeichnet.[676] 1985 stellte ihn der SPIEGEL sogar als dessen aktuellen Präsidenten dar[677] und ging in seiner Falschdarstellung sogar so weit, dass Oliver Tambo als Mandelas Vize bezeichnet wurde.[678] Erst Ende Februar 1990, als Mandela bereits in Freiheit war, korrigierte die FAZ ihr Bild von ihm als Führer des ANC, wobei die Erwartung ausgedrückt wurde, dass er es bald werde.[679]

Die besondere Bedeutung, die Mandela zugeschrieben wurde, wird auch im Zusammenhang mit Spekulationen über eine mögliche Freilassung aus dem Jahr 1988 deutlich: »Zunächst einmal gab es nie zuvor eine Freilassung von ähnlichem Gewicht wie die Mandelas – weil es nur einen Mandela gibt.«[680] Als die anderen Verurteilten des Rivonia-Prozesses freikamen, wurde dies immer in Verbindung mit Mandela gebracht. Sowohl Mbekis Freilassung im November 1987 als auch die Walter Sisulus im Oktober 1989 wurden als Testlauf gewertet. Des Weiteren wurden die Freigelassenen nicht als eine gleichrangige Gruppe von ANC-Kämpfern angesehen, sondern vielmehr als »Mandela-Mitstreiter« bezeichnet,[681] was eindeutig die Bedeutung der anderen weit hinter derjenigen Mandelas zurückstellte.

Nur selten wurde diese herausragende Stellung Mandelas infrage gestellt. In einem ausführlichen Artikel über den ANC in der taz von Juni 1989 wurde ein junger ANC-Aktivist zitiert, der Mandelas Freilassung nur als einen von vielen Schritten auf dem Weg zum Ende der Apartheid sah. Ihm erschien es nicht sehr wahrscheinlich, dass Mandela nach einer Freilassung die Politik des ANC bestimmen würde.[682] Im Oktober 1989 hieß es außerdem in einem Artikel der FAZ: Auch Mandela werde keine Wunder vollbringen können und

676 Vgl.: O. V.: Gefangen im Vorhof der Hölle, *in:* DER SPIEGEL 43/1971, S. 151–170, hier: S. 170; UW: Le Grange: Eine dilettantische Attacke, *in:* FAZ, 08.04.1980, S. 5.

677 Vgl.: O. V.: Speer der Nation, *in:* DER SPIEGEL 8/1985, S. 124–125, hier S. 124.

678 Vgl.: O. V.: Südafrika: »Wut wie bei Sklavenaufständen«, *in:* DER SPIEGEL 25/1985, S. 104–115, hier: S. 110.

679 Vgl.: Natorp, Klaus: De Klerk und Mandela, *in:* FAZ, 23.02.1990, S. 1. »Mandela ist nicht – jedenfalls noch nicht – der Führer des ANC.«

680 O. V.: Kein leichter Weg in die Freiheit, *in:* taz, 21.11.1988, S. 7.

681 Vgl.: Seibel, Andrea: Rassismus macht blind, *in:* taz, 12.10.1989, S. 8; Brandt, Hans: Druck der Opposition auf Südafrika erfolgreich, *in:* taz, 12.10.1989, S. 7.

682 Vgl.: Brandt, Hans: Aus dem Inneren des ANC, *in:* taz, 28.07.1989, S. 10–11.

so der Mythos um ihn nach seiner Haftentlassung möglicherweise bald verblassen.[683]

Mit Mandelas Rolle bei der Gründung des MK ging die Presse grundsätzlich recht offen um.[684] Eine Wertung gab es jedoch selten. Die FAZ schrieb in einem Artikel vom 21. März 1977, Mandela habe, »laut offizieller Geschichtsschreibung, die Terrororganisation ‚Speer der Nation'«[685] gegründet. Diese Formulierung lässt keine eindeutige Wertung der Gewaltanwendung erkennen. Auf der einen Seite wird von einer Terrororganisation gesprochen und so die Terminologie der Apartheidregierung übernommen, auf der anderen Seite könnte man den Einschub »laut offizieller Geschichtsschreibung« als Distanzierung verstehen.

Formulierungen wie »Nachdem die Regierung den ANC verboten hatte, wurde Mandela der erste Kommandant der ANC-Untergrundorganisation ‚Umkhonto we Sizwe'«[686], legten die Deutung nahe, dass die Gründung des MK nach dem Verbot des ANC zwangsläufig war. In einem Zeitungsbericht über Mandelas Ablehnung des Freilassungsangebots von Botha 1985, das beinhaltete, dass Mandela dem bewaffneten Kampf abschwören müsse, findet sich interessanterweise ebenfalls kein Hinweis auf eine Wertung.[687] Der Journalist Klaus Natorp schrieb 1986 in einer Kritik über den Film »Freiheit für Nelson Mandela. Annäherung an einen Mythos«, in diesem werde die friedfertige Gesinnung Mandelas als Konstante vorausgesetzt. Daran schloss er die Frage an, ob das gerechtfertigt sei. Er ging jedoch nicht darauf ein, warum eine solche Darstellung möglicherweise nicht korrekt sein könnte. Aus der Gesamtbewertung des Films geht zudem hervor, dass er dem von dem Film gezeichneten Mandela-Bild grundsätzlich zustimmte.[688]

Aufgrund der Reaktionen auf die Kampagne lässt sich erkennen, dass

[683] Vgl.: Natorp, Klaus: Das aktuelle Buch. Ein Mythos meldet sich zu Wort, *in:* FAZ, 26.10.1989, S. 16.

[684] Vgl. u.a.: Münchhausen, Thankmar von: Waffentransport im Urlaub, *in:* FAZ, 21.08.1987, S. 10; O.V.: Ein Lebensopfer im Kampf gegen die Apartheid, *in:* taz, 12.02.1990, S. 3.

[685] Vgl.: O.V.: In Südafrika unter fremder Flagge segeln, *in:* FAZ, 21.03.1977, S. 10.

[686] Vgl.: O.V.: Speer der Nation, *in:* DER SPIEGEL 8/1985, S. 124–125, hier: S. 124.

[687] Vgl.: A.R.: Mandela lehnt Bothas Angebot zur Freilassung ab, *in:* FAZ, 11.02.1985, S. 2.

[688] Vgl.: Nartorp, Klaus: Mythos Mandela, *in:* FAZ, 15.01.1086, S. 25.

sich zwar eine breite Masse für Mandela einsetzte, es allerdings auch eine große Gruppe gab, die sich gegen eine Unterstützung Mandelas wandte. Als Gegenargument wurde vor allem seine Position zur Gewaltanwendung angeführt. Innerhalb der Solidaritätsbewegung richtete sich die Kritik hauptsächlich gegen die einseitige Fokussierung auf eine einzige Person, hinter der alle anderen Gefangenen und Opfer der Apartheid in den Hintergrund träten.

Insgesamt lassen die Popularität Mandelas in den Medien und die breite, zumeist verbale Unterstützung der Kampagne durch die großen politischen Parteien darauf schließen, dass die Befürworter der Kampagne in der Mehrheit waren und es in der Bevölkerung ein breites Interesse an Mandela und der Apartheid in Südafrika gab.

Auch die Gespräche mit den ehemaligen Aktiven der Kampagne lassen erkennen, dass zumindest aus der Innenperspektive das Interesse an Mandela in der Öffentlichkeit groß und die Reaktion auf die Kampagne ganz überwiegend positiv war.

6 Fazit

In der vorliegenden Arbeit sollten vor allem fünf Fragen beantwortet werden:

- Wer engagierte sich in der Kampagne für die Freilassung von Nelson Mandela, und welche Beweggründe hatten die einzelnen Personen?
- Welche Aktionsformen wurden dabei verwendet, und welche Ziele waren mit den unterschiedlichen Formen verbunden?
- Wie wurde Mandela im Rahmen der »Freiheit für Nelson Mandela«-Kampagne präsentiert? Dabei wurden die Darstellung seiner Person, seine Rolle im ANC und sein Umgang mit Gewaltanwendung als Mittel des Befreiungskampfes untersucht.
- Wie reagierte die Öffentlichkeit in der Bundesrepublik auf diese Kampagne? Wurde die Forderung nach Mandelas Freilassung unterstützt? Gab es Kritik an der Kampagne, wenn ja, von wem und warum?
- Daran schließt sich die Frage an, wie die deutsche Kampagne im Vergleich zu internationalen Bewegungen zu interpretieren ist.

Die Akteure der »Freiheit für Nelson Mandela«-Kampagne waren seit Anfang der 1970er-Jahre viele, zumeist kleine Gruppen, die sich bereits im Bereich der Anti-Apartheid-Solidarität oder der Menschenrechtsarbeit engagierten und in der Regel nicht nur auf Mandela festgelegt waren. Selbst die Aktionsgruppe »Freiheit für Nelson Mandela« e.V. beteiligte sich gleichzeitig an den Aktionen zur Abschaffung der Apartheid und zur Unabhängigkeit Namibias. Auffällig ist, dass sich sehr viele Kreise innerhalb der Evangelischen Kirche mit der Apartheid und Mandela beschäftigten. Die große Präsenz dieser Themen auf den Kirchentagen macht dies besonders deutlich. Auch die beiden wichtigsten Gruppen, zumindest in der Anfangsphase der Kampagne, der MAKSA und die Aktionsgruppe »Freiheit für Nelson Mandela« e.V., gingen aus der evangelischen Kirche hervor und blieben die ganze Zeit eng mit ihr verbunden. Beide waren initiatorisch an der Gründung der AAB beteiligt, die zu der bedeutendsten deutschen Gruppe in der Anti-Apartheid-Arbeit wurde, sich jedoch erst in den 1980er-Jahren wieder vermehrt mit Mandela beschäftigte. Außerdem wichtig in der »Freiheit für Nelson Mandela«-Kampagne war die deutsche Sektion von Amnesty International, die Mandela zwar nicht adoptierte, sich aber regelmäßig an Aktionen für seine Freilassung beteiligte und auch selbst solche initiierte. Die Personen, die an der Kampagne teilnahmen, waren häufig in mehr als einer Richtung aktiv. Sie engagierten sich entweder politisch oder in Kirchengemeinden. Bezogen auf Alter und Geschlecht waren die Gruppen sehr durchmischt, jedoch lässt sich sagen, dass die Mehrheit von ihnen aus der »neuen Mittelschicht« kam. Besonders Akademiker und Studenten engagierten sich in der Kampagne. Gerade die Initiatoren in den 1970er-Jahren hatten oft persönliche Erfahrungen mit dem Apartheidregime gemacht oder in ihrem persönlichen Umfeld Personen, die Opfer der Apartheid geworden waren. Über diese erfuhren sie auch von der Bedeutung, die Mandela für viele Menschen in Südafrika besaß. Später kamen viele junge Menschen dazu – sie waren von Mandela teilweise schon aufgrund seiner langen Inhaftierung fasziniert, zumal er trotz allem an der Freedom-Charta festhielt, nach der Südafrika allen gehöre, die darin lebten.

Ende der 1970er-, vor allem aber in den 1980er-Jahren begannen auch die politischen Parteien, sich zumindest verbal für Nelson Mandela einzusetzen. In der Anfangsphase war es vorwiegend die SPD, die sich für die Befreiungsbewegungen einsetzte, wobei Mandela selbst damals noch nicht im Fokus stand. Als Anfang der 1980er-Jahre DIE GRÜNEN als politischer Arm der Neuen Sozialen Bewegungen gegründet wurden, waren daran auch Teile der Solidaritätsbewegung beteiligt. DIE GRÜNEN brachten Mandela nun auch vermehrt im Bundestag oder in kommunalen Parlamenten zur Sprache und forderten die Regierung auf, sich zu positionieren und den verbalen Forderungen auch Taten folgen zu lassen. Auch die FDP ist hier zu nennen. Im Rahmen von Genschers Außenpolitik unterstützte sie immer wieder die Forderung nach Mandelas Freilassung, hatte aber ansonsten hierzu kein eigenes Konzept. Die CDU folgte dem Beispiel der anderen Parteien erst in den späten 1980er-Jahren. Die CSU hingegen distanzierte sich durchgehend von solchen Forderungen, zumindest solange Mandela nicht bereit sei, auf Gewalt zu verzichten.

Die Aktionsformen der außerparlamentarischen Gruppen waren im Gegensatz zu denen der Parteien, die sich hauptsächlich auf das Wiederholen der Forderung nach Mandelas Freilassung und das Versenden von Grußbotschaften beschränkten, sehr vielfältig. Um auf ihr Anliegen aufmerksam zu machen, bedienten sich die Aktionsgruppen zunächst der klassischen Protestmethoden wie Demonstrationen, Infoständen und Unterschriftenaktionen. Hinzu kamen aber auch kreativere Formen wie Straßentheater, Konzerte, Umbenennungen öffentlicher Plätze und Straßen nach Nelson Mandela sowie Rundfunksendungen und Filmvorführungen. Die meisten Aktionen dienten dazu, die Öffentlichkeit zu informieren und zu mobilisieren. Die direkten und offenen Briefe sowie zum Teil die Postkartenaktionen hatten außerdem das Ziel, direkt Einfluss auf Entscheidungsträger zu nehmen. Allein in der deutlich größeren Vielfalt bei den informations- und mobilisationsorientierten Aktionsformen wird schon deutlich, dass der Schwerpunkt der Arbeit in diesem Bereich lag. Neben diesen Formen gab es auch solche, die vor allem darauf abzielten, Solidarität mit Mandela und den Opfern der Apartheid zu demonstrieren. Dazu zählten vor allem die Ehrungen und Auszeichnungen für Mandela, aber auch die Postkartenaktion zu seinem Geburtstag. Die meisten Aktionsformen wurden von allen Gruppen zugleich durchgeführt. Außerdem unterstützen sie sich bei der Realisierung der Aktionen in der Regel gegenseitig, indem sie Materialien austauschten oder an den Veranstaltungen anderer Gruppen teilnahmen. Viele Aktionen wurden von Anfang an von mehreren Gruppen gemeinsam geplant. Eine Ausnahme bilden dabei die Gottesdienste, da diese nur von kirchlichen Gruppen durchgeführt werden konnten. Die Teilnahme stand jedoch allen offen.

Dargestellt wurde Mandela im Rahmen der Kampagne als stolzer, aufrechter Mensch, der sein Leben dem Kampf für Frieden, Gleichberechtigung und Demokratie gewidmet habe. Er wurde als der unangefochtene Anführer des ANC und der schwarzen Bevölkerung in Südafrika überhaupt präsentiert. Außerdem wurde das Bild erzeugt, er allein habe die Macht, eine friedliche Lösung des Konfliktes in Südafrika herbeizuführen. Nur mit ihm sei dieser Wandel möglich. Gleichzeitig wurden Dialoge mit ihm fast schon als Garantie für den friedlichen Wandel dargestellt. Ein besonderes Konfliktfeld war die Anwendung von Gewalt durch den ANC, zu der sich Mandela mehrfach bekannt hatte. Im Rahmen der Kampagne wurde immer wieder darauf verwiesen, dass die Unterdrückten in Südafrika keine andere Möglichkeit mehr gehabt hätten, als sich der Gewalt des Apartheidregimes mit eigenen Sabotageakten entgegenzustellen. Besonders deutlich wird der Konflikt im Verhalten von Amnesty International, die ihn zwar wegen seiner Gewaltanwendung nicht adoptierten, sich jedoch für seine Freilassung einsetzten und die Gewalt des ANC als legitime Gegengewalt beschrieben.

In der Öffentlichkeit wurde die Kampagne überwiegend positiv aufgenommen, was die hohen Teilnehmerzahlen bei den Postkartenaktionen, aber auch die stetig wachsenden Mitgliederzahlen der AAB und von Amnesty International unterstreichen. Trotzdem gab es auch viele Gegenstimmen, wie die Briefe an Bundespräsident von Weizsäcker erkennen lassen, in denen sich etwa zwei Drittel der Absender negativ zur Forderung nach Mandelas Freilassung äußerten. Dennoch zeigt die Tatsache, dass fast alle großen Parteien sich offen für Mandela aussprachen, dass sie mit dem Einverständnis des überwiegenden Teils der Wählerschaft rechneten und es eher als politisches Hindernis angesehen wurde, sich anders zu positionierte. Selbst die CSU hat sich nie offen gegen Mandela ausgesprochen, lediglich eine zu aktive Unterstützung durch die Bundesrepublik lehnte sie ab, solange Mandela der Gewalt nicht abschwöre. Es ist also davon auszugehen, dass die Mehrheit der bundesdeutschen Bevölkerung eher positiv zur Forderung nach Mandelas Freilassung stand.

Auffällig ist, dass außerhalb der Solidaritätsbewegung der Hauptkritikpunkt an der Mandela-Kampagne seine Position zum bewaffneten Kampf war, während innerhalb der Bewegung jedoch die einseitige Konzentration auf einen Gefangenen und die Gefahr des Personenkults im Zentrum der Kritik standen.

Wie ist nun diese Kampagne in die internationalen Bewegungen einzuordnen? Es fällt auf, dass sich im Vergleich zu den anderen nord- und mitteleuropäischen Ländern die Anti-Apartheid-Bewegung in der Bundesrepublik erst recht spät herausbildete. Die Gründe dafür sind bislang noch nicht untersucht. Es ist zu vermuten, dass die Öffentlichkeit in der Bundesrepublik in den 1950er-Jahren mit dem Wiederaufbau, der deutschen Teilung und der Wiedererlangung der Souveränität sowie in den 1960er-Jahren mit dem Mauerbau und dem sich verschärfenden Ost-West-Konflikt schlicht andere Prioritäten setzte. Als mit den Neuen Sozialen Bewegungen Ende der 1960er-, Anfang der 1970er-Jahre eine neue Welle des außerparlamentarischen Engagements entstand, dauerte es nicht lange, bis sich auch die ersten Gruppen bildeten, die sich mit der Apartheid in Südafrika auseinandersetzten, wie der 1971 gegründete MAKSA. Kurz darauf gründete sich auch die Aktionsgruppe »Freiheit für Nelson Mandela« e. V.

Auch was den politischen Einfluss der Bewegung anbelangt, stand die AAB in der Bundesrepublik hinter den Bewegungen in den USA oder Nordeuropa deutlich zurück. Die deutsche Bundesregierung blieb trotz des Engagements der AAB bei ihrem zwar distanzierten, aber freundlichen Umgang mit Südafrika, der vor allem die wirtschaftlichen Beziehungen nicht gefährden sollte. Es ist jedoch hervorzuheben, dass die Forderung nach Mandelas Freilassung und seine Anerkennung als wirklicher Repräsentant der südafrikanischen Bevölkerung von der Bundesregierung übernommen wurden. Ob dies einzig auf das Engagement der Mandela-Kampagne zurückzuführen ist oder eher auf internationalen Druck oder vielleicht sogar die persönlichen Einstellungen der Politiker selbst, bleibt indes noch genauer zu untersuchen.

Eine internationale Besonderheit ist jedoch die Aktionsgruppe »Freiheit für Nelson Mandela« e. V., die sich explizit für die Freilassung Mandelas eingesetzt hat.

Aufgrund der Quellenlage und des Umfangs dieser Arbeit konnten viele Fragen leider noch nicht beantwortet werden, zum Beispiel, warum die Aktivitäten sich ausgerechnet auf Mandela konzentrierten. Nach den ausgewerteten Quellen scheint es, dass Mandela in Südafrika bereits in seiner Funktion bei der Organisation der Missachtungskampagne zu nationaler Bekanntheit gelangt war. Seine Zeit im Untergrund, der Einsatz für den bewaffneten Kampf und sein Auftreten im Rivonia-Prozess, der auch in Südafrika zum Teil »Der Staat gegen Nelson Mandela und andere« hieß, haben ihn dort zu einer Symbolfigur werden lassen. Da ein Großteil der frühen Aktivisten der europäischen Anti-Apartheid-Bewegungen selbst einige Zeit in Südafrika verbracht hatten, haben sie diesen Eindruck von Mandela als Symbol für den Widerstand mitgebracht. Für die deutsche Bewegung war dies der Pfarrer Karl Schmidt. Für eine sicherere Aussage sollte aber noch mehr Material, vor allem auch das der Bewegungen in anderen Ländern, untersucht werden. Die Analyse der Quellen warf außerdem noch weitere Fragen auf, die hier gar nicht bearbeitet werden konnten. Zum einen die Frage nach dem Rassismus innerhalb der Bewegung. Es finden sich zum Beispiel Aussagen über die Schwarzen wie: »Das sind tolle Leute, Gerechtigkeitsempfinden haben die! Nicht diese Gewalttätigkeit wie wir Weißen …« Auch wenn hier der schwarzen Bevölkerung positive Zuschreibungen gemacht werden, handelt es sich doch um eine Form des Rassismus.[689] An anderer Stelle freute sich Martin Held darüber,

[689] Rassismus ist eine Ideologie, die »Rasse« in der biologistischen Bedeutung als grundsätzlichen bestimmenden Faktor menschlicher Fähigkeiten und Eigenschaften deutet.

dass es noch Menschen gäbe, die sich für Menschen »anderer Rassen und Völker« einsetzten. Es könnte interessant sein, zu untersuchen, inwieweit die Annahme von der tatsächlichen Existenz verschiedener menschlicher Rassen in der Solidaritätsbewegung verbreitet war und ob sich diese Vorstellung im Laufe der Zeit veränderte.

Zum anderen könnte die Gender-Frage von Interesse sein. Mehrfach finden sich in den Quellen Aussagen wie diese: Es brauche »Männer von seinem Format«[690], oder Winnie Mandela sei wichtig für den »Kampf des schwarzen Mannes«. Außerdem wurde explizit erwähnt, dass Winnie als Frau ausgewählt wurde, um auch Frauen zu mobilisieren. Im Zusammenhang damit wäre zum einen interessant, wie sich das Verhältnis zwischen Männern und Frauen innerhalb der Bewegung gestaltete: Waren sie tatsächlich gleichberechtigt oder wurden die führenden Posten überwiegend von Männern besetzt? (Die für diese Arbeit benutzten Quellen legen diese Vermutung nahe.) Und hat sich das Verhältnis mit dem Erstarken der Frauenbewegung verändert? Zum anderen ist interessant, ob sich in den oben genannten Aussagen nur das Geschlechterverhältnis innerhalb der eigenen Gesellschaft der Aktivisten widerspiegelte, oder ob das Geschlechterverhältnis in der südafrikanischen Gesellschaft anders betrachtet wurde als in der eigenen.

Quellenmaterial, das helfen könnte, diese Fragen zu beantworten, könnte sich unter anderem in dem Bestand von Karl Schmidt und in dem der AAB, beide im afas in Duisburg, finden. Ferner könnten interessante Unterlagen im Archiv von Amnesty International Deutschland in Berlin vorhanden sein.

Die beiden großen Fragen, warum Mandela derart berühmt geworden ist und wie er zum Friedenssymbol wurde, können in dieser Arbeit leider nicht abschließend beantwortet werden. Es hat sich jedoch gezeigt, dass die Solidaritätsbewegung Mandela ganz bewusst und mit viel Mühe in die Öffentlichkeit gestellt hat. Die Gewalt, die er propagierte, wurde von ihr als legitime Notwehr dargestellt, zumal Mandela aufgrund seiner Haft nicht selbst an konkreten Aktionen beteiligt war. Um die Fragen eingehender beantworten zu können, wird es sich mit Sicherheit lohnen, auch die Kampagnen in Südafrika selbst sowie die in den übrigen Staaten der Welt genauer zu betrachten.

690 Satzung der Aktionsgruppe »Freiheit für Nelson Mandela!« e.V., zitiert nach: Schmidt: Zum Umdenken bereit, S. 105.

Quellen- und Literaturverzeichnis

Quellen

Archiv für alternatives Schrifttum

Afas: MAKSA 2

Brief von Karl Schmidt an den Herrn Landesbischof Dr. H. Class vom 12.2.1973.
Brief von Karl Schmidt an Markus Braun, vom 13. Februar 1973.
Brief vom MAKSA an die Kirchenleitung der ev. Kirche im Rheinland, Herrn Oberkirchenrat Schröder, vom 25.4.1973.
Brief von Michael Vesper an die Aktion »Freiheit für Nelson Mandela« vom 13.06.1973.
Brief von Amnesty International an Markus Braun vom 20.06.1973.
Brief von Karl Schmidt an Dr. Sojollemn, Weltrat der Kirchen vom 18.02.1987.
Einladungsschreiben des MAKSA zur AKTION FREIHEIT FÜR NELSON MANDELA.
Finanzierungsübersicht für die Aktion »Freiheit für Nelson Mandela« vom 09.06.1973.
Juso Landesvorstand Rheinland-Pfalz: Südafrika-Erklärung, Mainz, 28. Mai 1973.
Karl Schmidt: KAMPAGNE »FREIHEIT FÜR NELSON MANDELA!« vom 10. März 1973.
Schreiben »Aktion Freiheit für Nelson Mandela«, unterzeichnet von M. Braun (MAKSA); W. Geller (Gossener Mission); H. Gutmann (Amnesty International Südafrika Koordinationsgruppe).
Offener Brief der Aktionsgruppe »Freiheit für Nelson Mandela«, gez. Fleischer, an den Ministerpräsidenten der Republik Südafrika vom 7. Dezember 1973.

Afas: MAKSA 5

Offener Brief an Premierminister J.B. Vorster von Karl Schmidt im Namen der Aktionsgruppe »Freiheit für Nelson Mandela(Südafrika)« e.V. vom 4. März 1976.

Afas: AAB. 87

Aktionsgruppe »Freiheit für Nelson Mandela«: Presseanzeige in der Heilbronner Stimme vom 6. Juni 1988.
Brief von Karl Schmidt und Jürgen Grefe an den Bundesvorsitzenden der FDP, H.D. Genscher, vom Dezember 1974.
Brief von Martina Metzger (AAB) an AKAFRIK vom 04.12.1984.
Brief der Aktionsgruppe »Freiheit für Nelson Mandela (Südafrika)!« e.V. an Bundeskanzler Dr. Helmut Kohl vom 19. August 1985.
Brief von Karl Schmidt und Walburga Fischer an Bundeskanzler Dr. Helmut Kohl vom 19. August 1985.
Flugblatt des AStA der Universität Münster, des Fachschaftsrates Germanistik und der Ausländischen Studentenvertretung.
Presseerklärung Arbeitskreis Festival Kaiserplatz 3, 5300 Bonn 1, vom 23.07.1985.

Protokoll der Mitgliederversammlung am 20. März 1982 in Stuttgart.
Protokoll der Mitgliederversammlung am 14. April 1984 in Stuttgart.
Schmidt, Karl: Offener Brief an Herrn Landesbischof Dr. H. Class vom 25.04.1979.
Tätigkeitsbericht für die Mandela-MV am 20. März 1982 in Stuttgart, gez. Karl Schmidt.
Tätigkeitsbericht für die Mandela-MV am 14. April 1984 in Stuttgart, gez. Karl Schmidt.

Afas: AAB. 142

Freiheit für Nelson Mandela! ViSdP Martina Metzger.
Brief der AAB Betr.: Internationale Unterschriftenkampagne zur Freilassung Mandelas und aller politischer Gefangener [sic!] in Südafrika und Namibia.
Nelson Mandela – Der Welt beliebtester Gefangener, *in:* Lutherische Welt-Information 20/85.
Unterschriftenaktion des AStA der Gesamthochschule Essen.

Afas: AAB. 143.

Erklärung von Ingomar Hauchler zu dem Appell an Ministerpräsident Botha vom 16.07.1981.
Brief von Gesche Erbrich an den Stiftungsrat des Friedenspreises des Deutschen Buchhandels vom 26. Januar 1984.
Brief von Prof. Dr. Ingomar Hauchler an Prime Minister of the Republic of South Africa Mr. P. W. Botha vom 16.7.1984.
Brief von Matthias Treiber an Herrn Flues vom 2. Dezember 1984.
Brief der AAB an den AStA der Universität Essen vom 15.9.86.
Handzettel: Freiheit für Nelson Mandela! Kontakt Lydia Lang.
Klappkarte Freiheit für Nelson Mandela (Südafrika)!
MANDELA-LIED.

Afas: AAB 298 SA. Justiz

Apartheid – ein System, das politische Gefangene produziert. Bericht von einer Tagung »Politische Gefangene in Südafrika« der Ev. Akademie Bad Boll vom 6.–8. Mai 1977. Verfasst von Karl Schmidt am 10. Mai 1977.
Brief von Norbert Gansel (i. A. Elke Dittmar) an Helga Srücker-Coppik betr. ›Freiheit für Nelson Mandela‹ vom 2. September 1980.
Brief von Martin Held an Frau Bethina Krieg vom 6. August 1981.
Freiheit für Nelson Mandela-Postkarte mit Unterschriftensammlung an Außenminister Genscher vom November 1980.
Schreiben der Bundestagsabgeordneten von Bothmer, Holtz und Binding über das Protestschreiben vom 14.12.1979 an den Botschafter der Republik Südafrika vom 20.12.1979.

Afas: AAB. ORG 58

Brief von der Aktionsgruppe »Freiheit für Nelson Mandela (Südafrika)!« e.V. an verschiedene Solidaritätsgruppen vom 18. April 78. Entwurf für den Informationsteil der Doppelkarte.
Jahresbericht für die Mandela-MV am 28. April 1990 in Stuttgart, gez. Karl Schmidt.

Der Deutsche Bundestag:

Drucksache 10/1544.
Drucksache 10/3487.
Drucksache 10/3994.
Drucksache 10/5066.
Drucksache 10/5268.
Drucksache 10/5662.
Drucksache 10/6050.
Drucksache 11/3122.
Drucksache 11/3277.
Plenarprotokoll 10/73.
Plenarprotokoll 10/146.
Plenarprotokoll 10/156.
Plenarprotokoll 10/157.
Plenarprotokoll 10/222.
Plenarprotokoll 10/232.
Plenarprotokoll 10/238.
Plenarprotokoll 11/48.
Plenarprotokoll 11/58.
Plenarprotokoll 11/116.
Plenarprotokoll 11/197.
Plenarprotokoll 11/202.

Sonstige Quellen

CDU Bundesgeschäftsstelle (Hg.): CDU Bundesparteitag Mainz 1969, 17./18. November. Niederschrift, Bonn 1969.

Eberspächer, Bernhard u. a.: Zur Gewaltfrage, *in:* amnesty international informationen 9/76, S. 21–22.

Freie und Hansestadt Bremen: Zeichen der Ermutigung. Eine Dokumentation der Reden zur Verleihung des Bremer Solidaritätspreises 1988 an Winnie und Nelson Mandela im Rathaus zu Bremen am 24. Februar 1988, Bremen 1988.

Lehman, Sigi: Kurzbericht der Gewaltkommission, *in:* amnesty international informationen 3/75, S. 13.

O. V.: Aktion »Freiheit für Nelson Mandela«, *in:* informationsdienst südliches afrika, 1/1974.

O. V.: Papier zur Frage der Gewalt und Gewaltfreiheit, *in:* amnesty international informationen 6/76.

Schmidt, Karl: Zum Umdenken bereit. Aufzeichnungen über Erfahrungen mit der Apartheid in Südafrika, den Kampf gegen sie in Deutschland und das Werden des neuen Südafrika 1966–1995, Idstein 1996.

SPD Presseerklärung 248/87 vom 20. März 1987.

Wick, Ingeborg: Materialmappe 20 Jahre AAB, Bonn 1994.

Zeitungsartikel

A.R.: Mandela lehnt Bothas Angebot zur Freilassung ab, *in:* FAZ, 11.02.1985, S. 2.

Benenson, Peter: The Forgotten Prisoners. The 1961 Observer article which launched Amnesty, *in:* The Observer, 27.05.2001.

bg: eine antikommunistische Gründung, *in:* taz, 27.07.1989, S. 10.

bm: »Der Kampf geht weiter«: Kundgebung für Mandela, *in:* FAZ, 13.02.1990, S. 41.

Brandt, Hans: Botha kanzelt Blüm ab: »Das war schon relativ grob«, *in:* taz, 28.06.1989, S. 6.

Brandt, Hans: Aus dem Inneren des ANC, *in:* taz, 28.07.1989, S. 10–11.

Brandt, Hans: Druck der Opposition auf Südafrika erfolgreich, *in:* taz, 12.10.1989, S. 7.

bwl: Kundgebung zur Freilassung von Nelson Mandela, *in:* FAZ, 12.02.1990, S. 36.

diba: Für Bonn sind Veränderungen im »Kernbereich der Apartheid« noch nicht auszumachen, *in:* taz, 13.02.1990, S. 3.

Güm: »Ehrenbürger Nelson Mandela«, *in:* FAZ, 15.06.1988, S. 40.

Gz: »Jahr der politischen Gefangenen«, *in:* FAZ, 08.06.1976, S. 4.

HJK: Mandela verzichtet auf Berufung, *in*: FAZ, 27.06.1964, S. 3.

K.W.: Kleine Freude über Mandela, *in:* taz, 13.02.1990, S. 21.

Koch, Luitgard: Anpinkeln im Rundfunk, *in:* taz, 25.06.1988, S. 5.

Kühnert, Hanno: Die Kerze mit dem Stacheldraht. Wie »amnesty international« versucht, politische Häftlinge aus den Gefängnissen zu holen, *in:* FAZ, 02.09.1972, S. BuZ 4.

Leinemann, Jürgen: Das macht ihm keiner nach, *in:* DER SPIEGEL 5/1988, S. 29–31.

Lenz, Hildegard: Für wen arbeiten wir in Südafrika?, *in:* FAZ, 10.11.1980, S. 10.

Lucius, Robert von: Rockmusik im Kampf gegen Apartheid, *in:* FAZ, 14.11.1985, S. 27.

Lucius, Robert von: Bonn will gemäßigte Mitte in Südafrika unterstützen, *in:* FAZ, 29.01.1986, S. 5.

Lucius, Robert von: Mythos des schwarzen Südafrikas, *in:* FAZ, 18.07.1988, S. 8.

Lucius, Robert von: Südafrika sieht mit Spannung der Freilassung Mandelas entgegen, *in:* FAZ, 09.02.1990, S. 8.

Münchhausen, Thankmar von: Waffentransport im Urlaub, *in:* FAZ, 21.08.1987, S. 10.

Nartorp, Klaus: Mythos Mandela, *in:* FAZ, 15.01.1086, S. 25.

Natorp, Klaus: Das aktuelle Buch. Ein Mythos meldet sich zu Wort, *in:* FAZ, 26.10.1989, S. 16.

Natorp, Klaus: De Klerk und Mandela, *in:* FAZ, 23.02.1990, S. 1.

Nt: Nelson Mandela, *in:* FAZ, 10.04.1982, S. 10.

Obst, Andreas: Sängerin ohne Worte, *in:* FAZ, 10.11.1989, S. 33.
O. V.: Hochverratsprozeß in Südafrika, *in:* FAZ, 10.10.1963, S. 1.
O. V.: Südafrika lehnt den UN-Appell ab, *in:* FAZ, 15.10.1963.
O. V.: Sabotageprozeß in Südafrika, *in:* FAZ, 30.10.1963, S. 3.
O. V.: Acht Schuldsprüche im Sabotage-Prozeß in Pretoria, *in:* FAZ, 12.06.1964, S. 3.
O. V.: Achtmal lebenslänglich im Sabotageprozeß in Südafrika, *in:* FAZ, 13.06.1964, S. 3.
O. V.: Gefangen im Vorhof der Hölle, *in:* DER SPIEGEL 43/1971, S. 151–170.
O. V.: »Jahr der politischen Gefangenen«. Kongreß der deutschen Sektion von Amnesty International, *in:* FAZ, 08.06.1976, S. 4.
O. V.: In Südafrika unter fremder Flagge segeln, *in:* FAZ, 21.03.1977, S. 10.
O. V.: Jazzer spielen für Nelson Mandela, *in:* DER SPIEGEL 4/1985, S. 134.
O. V.: Speer der Nation, *in:* DER SPIEGEL 8/1985, S. 124–125.
O. V.: Südafrika: »Wut wie bei Sklavenaufständen«, *in:* DER SPIEGEL 25/1985, S. 104–115.
O. V.: Kleine Meldungen, *in:* FAZ, 28.03.1985, S. 27.
O. V.: Horizont mit Gittern, *in:* FAZ, 30.06.1986, S. 33.
O. V.: »Wenn zu Botha, dann auch zu Mandela«, *in:* FAZ, 19.01.1988, S. 2.
O. V.: »Politische Gefangene freilassen«, *in:* FAZ, 02.02.1988, S. 2.
O. V.: Rockfernsehfestival, *in:* FAZ, 30.05.1988, S. 28.
O. V.: Betr.: 15.000 forderten Freilassung Nelson Mandelas, *in:* taz, 14.06.1988, S. 6.
O. V.: Anti-Apartheid-Aktionen *in:* taz, 15.07.1988, S. 5.
O. V.: Glückwünsche für Mandela, *in:* FAZ, 18.07.1988, S. 2.
O. V.: Mandela in Darmstadt, *in:* taz, vom 19.07.1988.
O. V.: Geburtstagsfront gegen Apartheid, *in:* taz, 19.07.1988, S. 2.
O. V.: UNO-Menschenrechts-Preis für die Mandelas, *in:* taz, 10.10.1988, S. 7.
O. V.: Kein leichter Weg in die Freiheit, *in:* taz, 21.11.1988, S. 7.
O. V.: UN-Vollversammlung verleiht sechs Menschenrechtspreise, *in:* FAZ, 10.12.1988, S. 6.
O. V.: Kommunen gegen Apartheid, *in:* taz, 24.01.1989, S. 5.
O. V.: Gottfried Klocke, *in:* DER SPIEGEL 30/1989, S. 171.
O. V.: Südafrikas Justizminister kündigt Freilassung Mandelas an, *in:* FAZ, 24.01.1990, S. 1.
O. V.: Ein Lebensopfer im Kampf gegen die Apartheid, *in:* taz, 12.02.1990, S. 3.
O. V.: Recht hübsch und blond, *in:* DER SPIEGEL 11/1992, S. 100–108, hier S. 104.
O. V.: Nelson Mandela, *in:* DER SPIEGEL 19/2001, S. 268.
O. V.: Superdoktor Nelson Mandela. Überhäuft mit akademischen Titeln, *in:* Spiegel Online 21.11.2002 – 16:45 Uhr. http://www.spiegel.de/unispiegel/wunderbar/superdoktor-nelson-mandela-ueberhaeuft-mit-akademischen-titeln-a-223827.html (letzter Zugriff: 17.07.2013).
O. V.: Dr. h.c. Nelson Mandela, *in:* FAZ.NET, 21.11.2002, http://www.faz.net/aktuell/gesellschaft/menschen-dr-h-c-nelson-mandela-183871.html (letzter Zugriff: 17.07.2013).

O.V.: Die Welt feiert Nelson Mandela, *in:* Stern.de, 18.07.2013, online: http://www.stern.de/politik/ausland/95-geburtstag-die-welt-feiert-nelson-mandela-2039725.html (letzter Zugriff: 28.08.2013).
O.V.: Mandela wird 95, *in:* Hannoversche Allgemeine 18.07.2013. online: http://www.haz.de/Nachrichten/Politik/Deutschland-Welt/Suedafrikanischer-Nationalheld-Nelson-Mandela-wird-95 (letzter Zugriff: 28.08.2013).
O.V.: Die Welt trauert im einen großen Afrikaner, *in*: Hannoversche Allgemeine, 7./8. Dezember 2013, S.1.
Paasch, Rolf: Die Mandelas als Seifenoper, *in:* taz, 28.09.1987, S. 7.
Paasch, Rolf: Happy Birthday, Mister Mandela!, *in:* taz, 18.07.1988, S, 1–2.
Schimkowski, Martina: Ein Leben wie kein anderes, *in*: taz, 11. Dezember 2013, S. 3.
Schloemann, Johan: Der Rethor, *in*: Süddeutsche Zeitung, 7./8. Dezember 2013, S. 13.
Schürer, Frank: Aufrechter Gang-betr.: »Mit Mandela in den nationalen Dialog«, taz, 12.2.1990, *in:* taz, 20.02.1990, S. 18.
Seibel, Andrea: Rassismus macht blind, *in:* taz, 12.10.1989, S. 8.
UW: Le Grange: Eine dilettantische Attacke, *in:* FAZ, 08.04.1980, S. 5.
Wiegand, Wilfried: Geburtstagsgruß für Mandela, *in:* FAZ, 13.06.1988, S. 28.
Wiegmann, Jens; Putsch, Christian: Für immer Madiba, *in*: Hamburger Abendblatt, 06.12.2013, S. 8.
Ws: Honecker empfängt den ANC-Präsidenten, *in:* FAZ 29.08.1984, S. 5.

Literatur

Amnesty International: Geschichtliche Entwicklung von Amnesty International – Kritiken aus aller Welt, Hamburg 1976.
Bacia, Jürgen; Leidig, Dortothée: »Kauft keine Früchte aus Südafrika!« Die Geschichte der Anti-Apartheid-Bewegung, Frankfurt a. M. 2008.
Baßmann, Winfried (Hg.): Menschenrechte in Südafrika. Perspektiven von Widerstand und Unterdrückung, München 1978.
Benson, Mary; Nickson, Liz: Free Nelson Mandela. Festival Concert Book, London 1988.
Berge, Iris: South Africa in World History, New York 2009.
Bierling, Stephan: Nelson Mandela, München 2012.
Bosgra, Sietse: From Jan van Riebeeck to solidarity with the struggle: The Nederlands, South africa and apartheid, *in:* The Road to Democracy in South Africa, Volume 3, International Solidarity, PART 1, Pretoria 2008, S. 533–621.
Bosgra, Sietse; Derens, Jaqueline; Marchand, Jacques: France – South Africa, The Road to Democracy in South Africa, Volume 3, International Solidarity, PART 1, Pretoria 2008, S. 667–677.
Bosgra, Sietse: Other Mediterraenean countries. Spain, Portugal, Greece, *in:* The Road to Democracy in South Africa, Volume 3, International Solidarity, PART 1, Pretoria 2008, S. 715–719.

Bosgra, Sietse: The liaison group of anti-apartheid movements in the EC, *in:* The Road to Democracy in South Africa, Volume 3, International Solidarity, PART 1, Pretoria 2008, S. 719–725.

Bothmer, Lenelotte von: Zur Südafrika-Politik der Bundesregierung. Eine Bilanz der letzten Jahre, *in:* Baßmann, Winfried (Hg.): Menschenrechte in Südafrika. Perspektiven von Widerstand und Unterdrückung, München 1978, S. 150–165.

Brand, Karl-Werner: Neue soziale Bewegungen. Entstehung, Funktion und Perspektive neuer Protestpotentiale. Eine Zwischenbilanz, Opladen 1982.

Brand, Karl-Werner; Büsser, Detlef; Rucht, Dieter: Aufbruch in eine andere Gesellschaft. Neue soziale Bewegungen in der Bundesrepublik, Frankfurt a. M. 1986.

Buchanan, Tom: 'The Truth Will Set You Free': The Making of Amnesty International, *in:* Journal of Contemporary History 37/4 (2002), S. 575–597.

Culverson, Donald R.: The Politics of the Anti-Apartheid Movement in the United States, 1969–1986, *in:* Poltical Science Quarterly, 111/1 (1996), S. 127–149.

Dubow, Saul: The African National Congress, Gloucestershire 2000.

Duve, Freimut: Kap ohne Hoffnung oder Die Politik der Apartheid, Reinbek bei Hamburg 1965.

Eriksen, Tore Linné (Hg.): Norway and national liberation in southern africa, Stockholm 2000.

Evangelisches Missionswerk im Bereich der Bundesrepublik Deutschland und Berlin West e. V. (EMW) (Hg.): Südafrika. Gruppen und Aktionen, Hamburg 1986.

Fach, Wolfgang: Das Modell Deutschland und seine Krise, *in:* Roth, Roland; Rucht, Dieter: (Hg.): Die Sozialen Bewegungen in Deutschland seit 1945. Ein Handbuch, Frankfurt a. M. 2008, S. 93–108.

Fieldhouse, Roger: Anti-Apartheid. A history of the movement in Britain, London 2005.

Fisch, Jörg: Geschichte Südafrikas, München 1990.

Hagemann, Albrecht: Nelson Mandela, Reinbek bei Hamburg 1995.

Hagemann, Albrecht: Kleine Geschichte Südafrikas, München 2007.

Harding, Leonhard, Schulz, Manfred, Vogt, Hermann: Die Südafrikapolitik der UNO und der Kirchen, München 1977.

Haunss, Sebastian: Geschichte und Perspektiven sozialer Bewegungen, *in:* Hüttner, Bernd; Oy, Gottfried; Schepers, Norbert (Hg.): Vorwärts und viel vergessen. Beiträge zur Geschichte und Geschichtsschreibung neuer sozialer Bewegungen, Neu-Ulm 2005.

Holland, Heidi: 100 Years of Struggle, Mandela's ANC, Johannesburg 2012.

Holtz, Uwe: Sozialdemokratische Perspektiven zum südlichen Afrika, *in:* Baßmann, Winfried (Hg.): Menschenrechte in Südafrika. Perspektiven von Widerstand und Unterdrückung, München 1978.

Hopf, Anton: Freiheit für Nelson Mandela, *in:* informationsdienst südliches afrika 4, 88, S. 14–15.

Houston, Gregory: International solidarity: Introduction, *in:* The Road to Democracy in South Africa, Volume 3, International Solidarity, PART 1, S. 1–39.

Irogbe, Kema: The Roots of United States Foreign Policy Toward Apartheid South Africa, 1969–1985, New York 1997.

Jong, Wilco de; McGonigle Leyh, Brianne; Mihv, Anja; Troost, Lars van (Hg.): 50 Years of Amnesty International-Revlections and Perspectives, Utrecht 2011.

Kahl-Lüdtke, Ina: Entstehungsvoraussetzungen, Möglichkeiten und Grenzen grüner Politik in der Bundesrepublik Deutschland, Münster 1992.

Klein, Ansgar; Legrand, Hans-Josef; Leif, Thomas (Hg.): Neue soziale Bewegungen. Impulse, Bilanzen und Perspektiven, Wiesbaden 1999.

Klein, Markus: Falter, Jürgen W.: Der lange Weg der Grünen. Eine Partei zwischen Protest und Regierung, München 2003.

Lange, Dirk: Politische Alltagsgeschichte. Ein Konzept zur historischen Erforschung neuer sozialer Bewegungen, *in:* Hüttner, Bernd; Oy, Gottfried; Schepers, Norbert (Hg.): Vorwärts und viel vergessen. Beiträge zur Geschichte und Geschichtsschreibung neuer sozialer Bewegungen, Neu-Ulm 2005, S. 43–55.

Lulat, Y. G. M.: United States Relations with South Africa. A Critical Overview from the colonial Period to the Present, New York 2008.

Mandela, Nelson: Der lange Weg zur Freiheit, Frankfurt a. M. 1994.

Mandela, Nelson: Bekenntnisse, München 2010.

Marx, Christoph: Geschichte Afrikas. Von 1800 bis zur Gegenwart, Paderborn 2004.

Marx, Christoph: Südafrika. Geschichte und Gegenwart, Stuttgart 2012.

Meer, Fatima: Stimme der Hoffnung, Bonn 1990.

Meyns, Peter: Cooperation Without Change. The Foreign Policy of the federal Republic of Germany in Southern Africa, Bonn 1987.

Möller, Harald: Elitenkontinuität und Politik in der Dritten Welt. Beziehungen von Deutschem Reich und Bundesrepublik Deutschland mit Iran, China/Taiwan und Südafrika (1933–1979/89), Berlin 2010.

Möller, Hein: Hamba kahle, Madiba, in: Afrika Süd 42/6 (Dezember 2013), S. 3.

Olejniczak, Claudia: Dritte-Welt-Bewegung, *in:* Roth, Roland, Rucht, Dieter: (Hg.): Die Sozialen Bewegungen in Deutschland seit 1945. Ein Handbuch, Frankfurt a.M. 2008, S. 319–345.

O. V.: Aktion »Freiheit für Nelson Mandela«, *in:* informationsdienst südliches afrika, 1/1974.

O. V.: Geschichtliche Entwicklung von Amnesty International – Kritiken aus aller Welt, Hamburg 1976, S. 7.

O. V.: EINE INFORMATION über AMNESTY INTERNATIONAL, Bonn 1980.

O. V.: 70 Jahre ANC, *in:* informationsdienst südliches afrika 1/2 1982, S. 22–23.

O. V.: »Ausführliches Gespräch« Brandt mit Botha, *in:* FAZ, 22.04.1986, S. 3.

O. V.: Brandt und Botha finden keinen Gefallen aneinander, *in:* FAZ, 23.04.1986, S. 4.

Paschlau, Helmut: Erfahrungen einer lokalen Solidaritätsgruppe, *in:* AKAFRIK (Hg.): Südafrika-Handbuch. Südafrika, Namibia und Zimbabwe, Wuppertal 1982, S. 186–189.

Politische Inhaftierung in Südafrika. Ein Bericht von Amnesty International, Baden-Baden 1978.

Pruckner, Othmar: Eine kurze Geschichte der Grünen, Wien 2005.
Rammstedt, Otthein; Wagner, Gerhard: Neue soziale Bewegungen, *in:* Schäfers, Bernhard; Zapf, Wolfgang (Hg.): Handwörterbuch zur Gesellschaft Deutschlands, Opladen 1998, S. 483–486.
Raschle, Joachim: Zum Begriff der sozialen Bewegung, *in:* Roth, Roland; Rucht, Dieter (Hg.): Neue soziale Bewegungen in der Bundesrepublik Deutschland, Bonn 1987, S. 19–29.
Reddy, Enuga S.: The United Nations and the struggle for liberation in South Africa, *in:* The Road to Democracy in South Africa, Volume 3, International Solidarity, PART 1, S. 41–139.
Rode, Reinhard: Die Südafrikapolitik der Bundesrepublik Deutschland 1968–1972, München 1975.
Roth, Roland; Rucht, Dieter: Einleitung, *in:* Dies. (Hg.): Die Sozialen Bewegungen in Deutschland seit 1945. Ein Handbuch, Frankfurt a.M. 2008, S. 9–36.
Rucht, Dieter: Modernisierung und neue soziale Bewegungen. Deutschland, Frankreich und USA im Vergleich, Frankfurt a.M. 1994.
Sapire, Hilary: Liberation Movements, Exile, and International Solidarity: An Introduction, *in:* Journal of Southern African Studies 35/2 (2009), S. 271–286.
Sauer, Walter: Austria and South Africa during apartheid, *in:* The Road to Democracy in South Africa, Volume 3, International Solidarity, PART 1, Pretoria 2008, S. 630–640.
Schleicher, Ilona: Freunde in der Not ..., *in:* Afrika Süd 41/4 (2012), S. 30–31.
Schneider, Frank: Von der sozialen Bewegung zur Institution? Die Entstehung der Partei DIE GRÜNEN in den Jahren 1978 bis 1980, Münster 1998.
Schüssler, Sina: NGOs als Akteure der internationalen Sanktionspolitik zur Menschenrechtsförderung. Clubmitglieder oder Außenseiter?, Baden-Baden 2012.
Scoble, Harry M.; Wiseberg, Laurie S.: Human Rights and Amnesty International, *in:* Annals of the American Academy of Political and Social Science 413 (1974), S. 11–26.
Sellström, Tor: Sweden and national liberation in southern africa, Volume 1, Formation of a popular poinion 1950–1970, Uppsala 1999.
Sellström, Tor: Sweden and national liberation in southern africa, Volume 2, Solidarity and assistance 1970–1994, Uppsala 2002.
Sellström, Tor: Sweden and the Nordic countries. Official Solidarity and assistance from the West, *in:* The Road to Democracy in South Africa, Volume 3, International Solidarity, PART 1, Pretoria 2008, S. 421–531.
Skinner, Rob: The Foundations of Anti-Apartheid. Liberal Humanitarians and Transnational Activists in Britain and the United States, c. 1919–64, London 2010.
Sodemann, Christoph: Gesetze der Apartheid, Bonn 1986.
Soiri, Lina; Peltol, Pekka: Finnland and nationalen liberation in southern africa, Uppsala 1999.
Stevens, Simon M.: Warum Südafrika? – Die Politik des britischen Anti-Apartheid-Aktivismus in den langen 1970er Jahren, *in:* Eckel, Jan; Moyn, Samuel (Hg.): Moral für die Welt? Menschenrechtspolitik in den 1970er Jahren, Göttingen 2012.

Steenkamp, Daniela: Zur Entwicklung von amnesty international (ai) in der Bundesrepublik Deutschland, Marburg 2007.

Tetzlaff, Rainer: Grundzüge und Hintergründe Bonner Afrika-Politik: Eine Einführung, *in:* Bley, Helmut; Tetzlaff, Rainer (Hg.): Afrika und Bonn. Versäumnisse und Zwänge deutscher Afrika-Politik, Reinbek bei Hamburg 1978.

Thomas, A.M.: The American Predicament. Apartheid and United States Foreign Policy, Aldershot 1997.

Thomas, Scott: The Diplomacy of Liberation. The Foreign Relations of the African National Congress since 1960, London 1996.

Thakur, Ramesh: Human Rights: Amnesty International and the United Nations, *in:* Journal of Peace Research 31/2 (1994), S. 143–160.

Verheugen, Günter: Apartheid. Südafrika und die deutschen Interessen am Kap, Köln 1986.

Vorstand der SPD: Parteitag Hamburg 15.–19. November 1977, Frieden. Beschlüsse zur Außen-, Friedens- und Sicherheitspolitik Europapolitik Nord-Süd-Politik, Lübeck 1977.

Weinbrenner, Birgit; Weinbrenner, Dietrich: Unterwerfung oder Kampf. Zum 20. Jahrestag von Umkonto we Sizwe, *in:* informationsdienst südliches afrika 11/12, 81, S. 16–17.

Weinbrenner, Dietrich: Mitgliederversammlung der Anti-Apartheid-Bewegung, *in:* informationsdienst südliches afrika 7/8 1982, S. 29.

Wenzel, Claudius: Die Südafrikapolitik der USA in der Ära Reagan. Konstruktives und destruktives Engagement, Hamburg 1990.

Wenzel, Claudius: Südafrika-Politik der Bundesrepublik Deutschland 1982–1992. Politik gegen Apartheid?, Wiesbaden 1994.

Youkpo, Boli Nicoème: Les relations entre la République Fédérale d'Allemagne et l'afrique du Sud (1949–1982), Frankfurt a.M. 1986.

Zwick, Michael M.: Neue soziale Bewegungen als politische Subkultur. Zielsetzung, Anhängerschaft, Mobilisierung – eine empirische Analyse, Frankfurt a.M. 1990.

Internetquellen

Biko by Peter Gabriel, *in:* http://www.songfacts.com/detail.php?id=727 (letzter Zugriff: 29.08.2013).

Desmond Tutu, *in:* Nobelprize.org http://www.nobelprize.org/nobel_prizes/peace/laureates/1984/tutu-facts.html (letzter Zugriff: 29.08.2013).

Freedom Charta auf der Homepage des ANC: http://www.anc.org.za/show.php?id=72 (letzter Zugriff: 28.08.2013).

Homepage der Stadt Bremen http://www.lafez.bremen.de/sixcms/detail.php?gsid=bremen60.c.1388.de (letzter Zugriff: 18.08.2014).

hintparade.ch http://www.hitparade.ch/showitem.asp?interpret=The+Special+AKA&titel=Nelson+Mandela&cat=s (letzter Zugriff: 29.08.2013).

Nobelprize.org: The Nobel Peace Prize 1993. Nelson Mandela, W. F. De Klerk. http://www.nobelprize.org/nobel_prizes/peace/laureates/1993/mandela-facts.html (letzter Zugriff: 13.08.2013).
O. V.: »Pacific Rim«-Star Idris Elba als Nelson Mandela im ersten Trailer zu »Mandela: Long Walk To Freedom«, *in:* www.filmstart.de. 19.06.2013. online: http://www.filmstarts.de/nachrichten/18479620.html (letzter Zugriff: 28.08.2013).
Selbstdarstellung der issa auf ihrer Homepage, http://www.issa-bonn.org/wir.htm (letzter Zugriff: 10.07.2013).
Schrei nach Freiheit, *in:* http://www.imdb.com/title/tt0092804/ (letzter Zugriff: 29.08.2013).
Weizsäcker, Richard von: Weihnachtsansprache 1985. online: http://www.bundespraesident.de/SharedDocs/Reden/DE/Richard-von-Weizsaecker/Reden/1985/12/19851224_Rede.html (letzter Zugriff: 26.07.2013).
Wikipedia.de: Free Nelson Mandela http://de.wikipedia.org/wiki/Free_Nelson_Mandela (letzter Zugriff: 29.08.2013).
Wikipedia http://de.wikipedia.org/wiki/Ehrendoktor (letzter Zugriff: 17.07.2013).
Winston, Morton: Amnesty and Mandela, online: http://www.africa.upenn.edu/Govern_Political/mand_amn.html (letzter Zugriff: 04.07.2013).